秦始皇

第一個統一中國的皇帝

龍樹朗　著

他究竟是誰的兒子？他生存於什麼樣的時代？
他為何被稱為秦始皇？他真是一位暴君嗎？
他何以能統一中國？何謂地底大軍團？

目錄

最初統一中國的皇帝

以考古學來印證始皇功績

步向强國之路

出生的祕密

淫亂的後宮

萬里長城與秦始皇

「焚書坑儒」事件

長生不老的心願

始皇的崩殂與二世皇帝

秦朝的滅亡

最初統一中國的皇帝

——他究竟是何等人物

1 首次的大一統出現於何時？

我國幅員遼闊，當東北的河川還處於冰凍狀態時，僻處一隅的海南島卻已是春暖時節！

現在，讓我們沿著歷史的潮流，追溯到兩千年前的先秦時代。當時，在那片廣大的土地上，諸國林立，爭戰不已！

後來，西方的秦國逐漸嶄露頭角，經過幾代的努力，終於在秦始皇時完成我國歷史上首次的大一統。

黃河流域是我國文化的發祥地，尤其是在河南省境內，以洛陽爲中心的黃河兩岸地帶，自古即被稱爲「中原」。因爲只要能控制這個地區，就能進而稱霸全國，所以，爭奪「中原」的戰爭此起彼落，有人以打獵來形容這種爭鬥，而有「逐鹿中原」的說法（這是出自魏徵的詩：「逐鹿於中原，投筆事我軒」）。

秦國的統一大業並非一朝一夕完成的。在昭襄王時代（在位期間：西元前三〇六年—二五一年）曾經重用名將白起，並以范雎爲相，採取「遠交近攻」的策略，逐步地擴張領土，而爲他的曾孫——即秦始皇日後的成就奠定了基礎。
始皇姓嬴名政，他所處的時代，正好是由奴隸制到封建制的過渡時期。
他在十三歲那年繼承王位，然而，政治的實權卻是丞相呂不韋、宦官嫪毐所掌握。
當他二十二歲時，遵照秦國的制度，舉行冠禮，表示他已長大成人。嫪毐等趁此機會叛變，結果被鎭壓平定，過了不久，呂不韋遭到罷黜，自殺身死，於是，他的親政時代開始了。
在此之前，秦國擴張領土的行動，大多是以苦戰來獲得成功。但是從這時起，秦軍以破竹之勢，逐次併滅了韓（西元前二三〇年）、趙（西元前二二八年）、魏（西元前二二五年）、楚（西元前二二三年）、燕（西元前二二二年）等國，西元前二二一年，齊國終於也豎起了降旗，於是我國歷史上首次的統一國家就這樣誕生了！

2　他爲何被稱爲秦始皇？

秦王政完成統一大業後，搖身一變成爲全天下的支配者，擁有絕對的權威。因此他命令臣下，選定一個適合他身份的稱號。

經過丞相王綰、御史大夫馮劫、廷尉李斯以及學者們的會商，而將結果上奏道：

「在這個世界上，被認爲最尊貴的是天皇、地皇、泰皇，其中又以泰皇的地位最崇高。所以，新的稱號應該定爲『泰皇』……」

秦王政卻自行決斷，除去「泰皇」的「泰」字，而以「帝」來取代，遂產生「皇帝」一詞。

後人對此稱號的解釋是：秦王政自認「德兼三皇，功過五帝」，遂決定自稱爲「皇帝」。其次，「皇帝」一詞含有「光輝而絕對的上帝」的意思，由此可見秦王政的鬥志雄心。

此外，他還規定朕、制、詔等字以後都屬於皇帝專用。

「皇帝」一詞，日後成爲我國歷代君主正式的稱號，一直被沿用到清朝結束爲止。

接著，秦王政又下達命令，將諡號廢除，自稱爲「始皇帝」，他在詔書中說：

「……太古時代，只有稱號而沒有諡號；中古以後，除了稱號以外，又產生諡號的制度，就是在君王死後，配合他生前的事蹟，給與一個名號。如此一來，等於兒子批評父親，臣下批評君上，成何體統？所以這個規定要從此廢止。由於朕是第一個皇帝，故稱爲「始皇帝」，此後按照順序稱二世、三世……皇帝，而傳之於永久……」

於是，在我國歷史上出現了「始皇帝」這個名稱。然而，在嬴政生前並未被稱爲「始皇帝」。關於這一點，我們可由史料中看出，例如：在頌揚其功績的石刻上，只記載著「皇帝」一詞；又如瑯琊石刻，在末尾刻著「二世皇帝」，再補刻上「始皇帝」。

由此可見，「始皇帝」是嬴政死後的稱號，但是，後世慣於把生前的他也用如此稱法。

3 爲何他的人望不佳？

有人認爲：秦始皇所獲得的惡評多半出於後世史家之筆，根據發掘出來的資料顯示，這種推測並不是沒有可能的。

那麼，他爲何得到如此的評價呢？

原因之一是：在秦朝以後有漢朝出現，爲了證明他們推翻前朝是替天行道，而詆毀秦朝的施政。

在漢賈誼所著的《新書》中，有〈過秦論〉一文；此外，在司馬遷所著的《史記》中，也對秦朝政治的得失有否定性的評語。後世受到漢人的影響，遂對秦始皇印象惡劣；我們必須先祛除這種成見，才有機會一窺歷史的眞面目。

學例來說：秦始皇對處理政務非常熱心，他還規定自己，每天一定要批閱重達一石的奏書（用竹簡寫的），不看完絕不休息。他的這種態度，照方士盧生的解釋，正是他貪得無厭、把持權力的表現。

其次，秦始皇採取法家思想而壓抑儒家，因此備受後世儒生的攻訐。儒家得勢後，對秦始皇的評語越來越壞，尤其是焚書坑儒之學，更受到後人激烈的非難。

法家對秦始皇一直保持崇敬的態度，儒家則始終予以攻擊。所以在我國歷史上，對秦始皇功過的評論所顯示的觀點差異，可以視爲儒、法二家之間的論爭。

我們如果想正確地瞭解秦始皇的爲人、功過，就要從一連串的政爭中作客觀的判斷。

當時，儒家是站在奴隸所有者的立場，法家則代表新興的地主階級。因此，有人把焚書坑儒之舉，視爲在儒、法二家的爭鬥中，法家佔了上風。

4 他真是面目醜陋嗎？

司馬遷在《史記》中，借尉繚之口，描述秦始皇的長相：

「……隆準長目、摯鳥膺、豺聲、少恩而虎狼心……」

就是說他眼長、鼻高、前胸突起，聲如豺狼，性情殘忍。尉繚本來打算出任秦朝，可是，他從秦始皇的外貌判斷，始皇爲人殘暴，而打消了爲其服務的念頭。以上是根據《史記．秦本紀》的記載。

後世所繪的始皇像，形狀不一，有的非常醜陋，猶如人與鳥獸之混合；但是，法家爲他所畫的圖像則儀表堂堂。

有趣的是，始皇到底是高或短、胖或瘦，至今尚爭論不休。據說他體弱多病，那麼應該是屬於消瘦的一型。總之，我們可以肯定他不會是類似鳥獸般極端醜惡的人物。至於他的體型，對他有好感的人，會把他畫成身材魁梧；對他印象惡劣的人，則把他畫成病夫模樣。

5 他真是暴君嗎？

秦始皇雖然完成統一大業，二千年來，卻被視爲典型的暴君，承受著世人的非難。司馬遷在《史記》中，雖然也稱讚他統一天下，但又譴責道：

「……先詐力而後仁義，以暴虐爲天下始……」

二千年來，世人對他的觀感始終不離「殘暴」二字，而且認爲秦朝的滅亡，完全是暴政所致。

在秦始皇的時代，新興的地主階級與沒落的奴隸所有者之間，革新派與保守派之間，爭鬥非常激烈，因此有人以爲始皇使用暴力，是爲了鎮壓奴隸所有者的復權行動。綜觀始皇主政期間，鎮壓反對勢力的舉動，以下列三次最爲著名：

(1)在西元前二三八年，敉平嫪毒等的叛變，並在次年罷黜了呂不韋。這次的事件，意味著新興地主擊敗了奴隸所有者。

(2)在西元前二三〇──二二一年之間的戰爭，消滅了函谷關以東的六國，統一了全中國。這是始皇爲了清除反對勢力，所做的最大暴力行動。

然而，這項舉動所帶來的結果，是促進社會經濟的發展而實現了人們心中的願望。關於這一點，即使是一味責難秦朝的賈誼，也不得不承認始皇的功勞。

(3)在西元前二一三年，下令焚書坑儒。

有關此一事件，我們會在後面說明，在此僅簡略地說：「焚書」是爲了統一新興地主的思想；「坑儒」則是鎭壓儒者的手段。

始皇根據法家思想，站在排斥儒家的立場而有那樣的舉動。他也可能是爲了鞏固秦朝的政權才不得不如此。

但是就目前所知，始皇在後半生確實有許多不當的行徑。

不知是體弱多病抑是精神焦慮的影響，他晚年的日常生活有著歇斯底里的傾向。

6 他眞是個冷酷的人嗎？

我們對於前人的評判，受其後半生行爲的影響很大，對秦始皇而言，也是同樣的情形。他的前半生頗受好評，可是，自從他達到巔峯以後，感情方面趨於異常，而被視爲一個冷酷的人。

下面敍述兩個有關他的傳說：

某一天，始皇行幸梁山宮，那是建於現在陝西省乾縣梁山的宮殿。

始皇站在山上，俯視丞相李斯的車列，很不滿地說：

「……這人未免太驕縱了！……」

近侍聽了，就暗中通報李斯，於是，李斯立刻減省隨行的車隊，不再像以往般勢氣凌人。始皇發現以後，大發雷霆：

「……一定有人洩露朕所說的話！……」

他立刻著手調查，然而，沒有一個人肯承認，他就逐次地把近侍們斬首，到最後，一個活口都不剩。

始皇的感情有些異常，而有不少離奇的行徑。

有一次，他乘船旅行，途中遇到暴風，一行人動彈不得，使他非常不悅。剛巧在這時，他看到黃陵廟的湘山祠，就問隨行的博士道：

「湘山祠到底是供奉誰？……」

「……供的是湘君！……」

「……湘君又是誰呢？……」

「據說她是帝堯的女兒，也就是帝舜的妻子！」

相傳舜帝死後，娥皇、女英雙雙死在湘水之畔，而被葬於附近的湘山，當作湘水的女神來崇拜，世人尊稱她倆爲湘君與湘夫人。

「只不過是堯帝的女兒罷了！……」

始皇非常不滿地說：

「她非但不向朕致敬，還颳大風來阻擋朕的行程，眞是太無禮了！……」

於是，他派人把湘山上的樹全部砍倒。

他登上帝位以後，陶醉於自己的功業，行動近於瘋狂。

他統一全國後，曾經躊躇滿志地說：

「朕於始皇帝，以後按照二世、三世的順序，傳之於無窮！……」

然而，他做夢也想不到，他辛辛苦苦創立的國家，只傳了兩代就歸於覆亡。

7 他以何以能統一全國？

我們得到的結論是——他能符合時代的要求，阻止已沒落的奴隸所有者復權，遂能完成統一大業。

此外，下面幾個因素對他的成功也有很大的影響。

在從事征戰時，他把責任都委託給各個將領，無論是王翦的南征還是蒙恬的北伐，他們一旦失敗，就要承擔全責；如果獲得輝煌的戰果，則說是皇帝的神威所致。這種作法對維護一國之主的聲望，確實很有利。

這也是由法家「信賞必罰」的原則而來。但並不是說，隨隨便便地把權限託附給臣下，而是在緊要關頭，必須親自指揮戰鬥。所以，王翦、王賁等名將所立下的赫赫戰功，都有賴於始皇的戰略運用得當。再者，始皇能採取正確的政治路線也是致勝的主要因素。

戰爭與政治具有不可分割的關係。因此，脫離始皇以法家思想爲中心所進行的政治改革，就無從談論那些將軍的戰功。

這時，我國正處於戰國時代，而奴隸制度逐漸爲封建制度所取代。當時歷史的潮流，可說是反對奴隸所有者以及諸侯的殘存勢力，而全力發展封建制度。這就是秦國從孝公到始皇，一連串的變法革新所遵循的政治路線。

經過孝公以來六代國君的改革，秦國一掃昔日落伍的情況，在政治、經濟、軍事方面，都凌駕其餘六强之上，而以此堅强的國力，逐步併滅了六國。

在始皇的時代，三晉（韓、趙、魏）的人民，陸續地投奔秦國，加入生產的行列；六國中有一部分新興的地主，例如：李斯、尉繚等人則成爲秦國的「客卿」，爲始皇籌劃統一天下的大業。

由此可知，當時的民心大多傾向於比較先進的秦國，寄望它能完成大一統，以結束動盪不安的局面。

始皇以這些條件爲背景，又以法家的改革路線爲手段，逐步邁向統一之途。其餘的六國還企圖挽回大勢，爲了使秦國瓦解，他們千方百計地想刺殺始皇，離間君臣，但都無法達到目的。

8 爲何採取中央集權制？

始皇雖然完成了統一大業，但爲了維護這個新建立的國家，卻遭到不少阻礙。

第一：奴隸所有者的勢力，雖說已趨於沒落，卻仍然不可忽視。

第二：由於以往諸侯國各據一方，使得社會經濟發展不均衡；而且舊有的政治體制，也不適合於强大的統一國家。

因此，始皇爲了鞏固既有的成就，不得不採取「厚今薄古」的政策，摒棄舊有的施政方策，而以革新的姿態，建立中央集權的政治體制。

首先，他廢除了由奴隸所有者時代所遺留下來的「世卿世祿制」、「分土封侯制」。也就是說，他廢止了世襲制和分封制，實施中央集權的郡縣制。

在中央設置「三公九卿」等行政官員，由皇帝挑選有才能、功勞者，納入公卿之列。

(1)所謂「三公」，是指左、右丞相，以及太尉、御史大夫。

丞相是中央行政機構的最高長官，輔佐皇帝處理政務。

太尉是軍事首長，輔助皇帝掌管全國兵事。

御史大夫爲副丞相，輔佐皇帝監督官員的行政。

皇帝的命令、國家的法律，通常都要經由御史大夫，交給丞相去公佈。

(2)「九卿」在「三公」以下，即奉常、郎中令、衞尉、廷尉、少府、治粟內史、典客、宗正、太僕等官。

奉常的職務，是掌管宗廟禮儀。

郎中令負責傳達皇帝的命令，並維護皇帝的安全。
衛尉的職責，是宮門的警備。
太僕則掌管皇帝所使用的車馬。
廷尉掌刑法，是全國最高的司法官。
典客則管理歸屬的蠻夷。
宗正的工作，是掌管宗室的事務。
治粟內史管理政府的租稅收入、財政支出，是全國最高的財務官。
少府則專門負責皇室的財政。
以上即中央的行政組織。至於其直轄的地方郡縣，每郡設置郡守；每縣若在一萬戶以上，就設置縣令；如果在一萬戶以下，則設立縣長。

9　地方行政組織

秦朝採取直接受中央管轄的郡縣制。
春秋初年，就有「縣」的設置，到了戰國時代已相當普及，最初是設立於邊疆或新合併的地區，其主要任務爲國防。

「郡」則出現於春秋末期，開始時地位低於縣，可是它所管轄的區域比縣廣，後來，它的地位遂超越了縣。

秦始皇採行中央集權以及郡縣制的組織；遠在孝公時代，商鞅就已作了大致的規定，始皇只不過把那種制度予以擴大、確立而已。

始皇在西元前二二一年併滅六國後，分全國爲三十六郡，其中的絕大部分當然是其他六國的領土，當時的情況大致如下：

太原、鉅鹿、雲中、雁門、代、邯鄲（屬於趙國領域）。

上黨、三川、穎川、南陽（三川屬周，其餘屬韓）。

河東、東郡、上郡（屬魏）。

南郡、九江、泗水、會稽、漢中、碭、阜、長沙（屬楚）。

齊、瑯琊（屬於齊國的領域）。

上谷、漁陽、右北平、遼西、遼東（屬燕）。

此外，滅蜀後又設置巴、蜀二郡；隴西、北地二郡則爲義渠（西戎的一種）所居；內史即秦的舊地；南海、桂林、象郡，是始皇統一天下後，攻取南越所設立的。

在此特別值得一提的是：地方上的主要官吏一概由皇帝任免，不容許有世襲的情形發生。而且，全國性的軍事與法律，都要經由皇帝發號施令。

這種中央集權的專制體系，對於一個新統一的多民族國家而言，在其强化工作上具有重要的意義。這個制度，後來在我國長期的封建社會中，一直被引用。

10 刺客荊軻入秦

燕太子丹曾在秦國做人質，而在西元前二三二年逃回燕國，他和秦王政（即後來的秦始皇）之間的關係似乎是宿命性的。

太子丹也曾到過趙國為人質，當時，身為子楚之子的嬴政和他命運相同，因此他倆成為好朋友。後來嬴政回國繼承王位，太子丹又轉到秦國為人質，可是秦王政對這位患難之交，卻表現得很冷淡，使得太子丹非常不滿，而設法脫逃回國。

太子丹如此做，可能不只是為了秦王政的冷漠，總之，他對秦王政的怨恨似乎相當深。

丹逃回國後，立刻與太傅鞠武商議大事，於是鞠武將田光推薦給太子丹，田光因年老體衰，恐有負使命，又將荊軻推薦出來。

風蕭蕭兮易水寒，
壯士一去兮不復返。

荊軻（衛人，受到太子丹的禮遇，而被稱為荊卿）身受刺殺秦王政的密令，越過燕國的邊境，在易水之畔和餞行的人話別時，慷慨激昂地吟誦著前面那首詩。前去送行的人們都穿著白衣，一副奔喪的模樣。荊軻自己也心裡有數，此去生還的希望可說是微乎其微。

當時，高漸離擊筑（流行於當時的五絃、十三絃，或二十一絃的竹琴），荊軻唱和，開頭音調甚爲哀切，隨後，逐漸產生了慷慨悲憤的意味。

唐人駱賓王曾作詩感懷易水餞別的光景：

此地別燕丹，壯士髮衝冠，
昔時人已沒，今日水猶寒。

送行的人羣中，包括向荊軻下達密令的燕太子丹。

晉人陶淵明也曾以「昔日雖已沒，千載有餘情」的詩句，來歌詠荊軻壯烈的事迹。使得當初在易水之畔所發生的悲壯場面，更加打動了後人的心。

荊軻進入秦國以後，首先向秦王政的寵臣蒙嘉致贈千金之禮，以便經由他的安排謁見秦王。

在晉見時，荊軻呈獻燕國的地圖給秦王，等圖完全展開後，露出一把匕首來，荊軻執起想刺殺秦王。

11　秦王如何保全性命？

起初，一切都照原定計畫順利進行，秦王政以國賓之禮接見了荊軻，他向秦王呈獻燕國的地圖，秦王接下成卷的圖，慢慢地將它展開。

「圖窮而匕首見」，在《史記》中平淡而簡潔地記述這個緊張的場面。

在一剎那間，荊軻以左手抓住秦王的衣袖，右手拿起匕首，向秦王的前胸刺去，可是並未刺中。秦王拚命往後退，在慌亂中，根本無法拔出自己的佩劍。

基於法令所限，在大殿中，只有秦王一個人帶著劍，他抓著劍鞘，一面跑一面急於把劍拔出來，但是由於那把劍很長，情急之下根本無法抽出來。

秦王繞著粗大的殿柱逃命，荊軻在後面緊追不捨，在一旁的羣臣因爲手無寸鐵，只能暗自焦急。正當秦王危急的時候，侍醫夏無且急中生智，以手中的藥囊向荊軻擲去，荊軻搖晃了一下，把匕首向秦王投去。

秦王好不容易才拔出劍來，立刻予以還擊，先砍傷了荊軻的左腿，再連續砍中八劍，最後擊中了荊軻的前額，遂使此次謀刺秦王之舉歸於失敗。秦王政幸賴藥囊、殿柱之助，而保全了性命。

這次的事件，使得秦王大爲震怒，他立意報復，派遣名將王翦率軍攻打燕國。燕王與太子丹率國人盡力抵抗，終究不是秦軍的對手，燕王不得已將太子丹斬首，希望就此停戰，然而秦王並無意講和。五年以後，終於滅了燕國，俘虜了燕王，並在次年完成統一大業，秦王政自此搖身一變，成爲不可一世的「始皇帝」。

12 他是位勇猛的豪傑嗎？

據說，始皇自幼體弱多病，又是個神經質的人，而且在他的一生中，始終渴望著長生不老。他經常命隨行的侍役們捧著藥囊侍候他；即使是獨處時也會把藥囊放在身邊。

當荊軻刺殺他時，就因爲侍醫夏無且照常捧著藥囊，才使他化險爲夷。經過這次的事件，他對自己的生命變得更爲珍惜，後來還派人四出尋訪長生不老的仙藥。

其次，他這種保身的心理，使他產生建造「萬里長城」的構想。築長城的理由是要防備胡人的入侵，「統一全國，防備外患」是他一貫的信念，因此，修建蜿蜒如蛇的長城，並非爲了積極性的侵略，而是消極性的防衛。

傳說，此一構想得自荊軻刺殺他時，救他性命的殿中大柱。他心想：如果把那些巨大的柱子連接起來，形成一堵守備的圍牆，那該有多好。於是，他以强硬的手段，發動歷史上最浩大的土木工程，以防備胡人的入侵。這個偉大的構想，似乎是由他一個人想出來的。

他先把原有的北方長城連接起來，再增修一段，就形成了東起遼東，西到臨洮，

「延袤萬餘里」的國防線。

如此看來，他不能算是位勇猛的豪傑，而只是個脾氣壞又神經質的人。

13 民衆是否盼望統一國家的出現？

春秋戰國時代，政治、經濟、文化各方面，都發生根本上的變化，各國的奴隸們羣起反抗他們的主人；平民也和諸侯相對抗，這種階級間的爭鬥，使我國的社會被推進到一個新的階段。

經過一連串奮鬥的結果，大多數直接參加生產的人們解脫了奴隸制度的桎梏，形成了廣大的農民階級。自由人的身份促使農民們積極地生產，而加速了社會經濟的成果。

我們先來看冶鐵業——由於鑄鐵方法的發明，在生產事業中佔著主要地位的鐵工業，有了顯著的進步。這種現象，連帶地加速了農業也隨著進展。

當時，商品交易的風氣已經非常普遍，加上水陸交通的發達，加强了各地區經濟上的關聯，結果使商業欣欣向榮。

秦國的商業，本來比別國落後，直到戰國時代的末期才逐漸地發展起來。

「商」本是地名及殷朝的國號，等殷被周滅亡以後，殷的遺民被周人稱爲商人，他們大多從事買賣的行爲，在交易活動中扮演著重要的角色，此後，「商人」一詞就成了做生意者的通稱。

隨著社會經濟的發展，民衆對統一國家的企盼越來越强烈。尤其是從事手工業、商業的人，爲了使本身的經濟利益獲得保障，渴望解除從未間斷的戰爭所造成的不安狀態，而使全國得到統一。

因此，統一成了這個時代的潮流，大勢所趨，達成一統只是遲早的問題。當時，唯有秦國才具有完成此大業的條件。因爲在秦國內部，舊有的勢力較爲脆弱，而新興的地主勢力越來越强大。

荀子曾經稱讚秦國的民性非常質樸，認爲在戰國七雄中，秦國的施政最有成效。由史家所記的資料顯示：秦國貴族的勢力，顯然比其他六國衰弱了許多。

所以，站在這個基礎上的秦政權，必定能符合新興地主的利益，推行社會改革政策。並且在六國新興地主的支援下，完成了統一大業。

14 他生存於什麼樣的時代？

到了戰國末期，秦國的政策、軍事力量已比其他各國優異許多。

在當時七個主要諸侯國中，齊、楚、燕、韓、趙、魏六國，都位於函谷關以東，他們雖然也實行改革，想由奴隸制進到封建制，但都做得不徹底。何況他們本身政治腐敗，國力日趨衰弱。

相反的，秦國卻日益強盛，在戰國中期，秦孝公起用身為法家的商鞅，推行變法之策。

商鞅根據法家思想，建立了中央集權性質的封建制度。

經過六代君王的努力，當嬴政繼承王位時，秦國不但在經濟、軍事上超越了其他六國，也在政治、文化等方面有了長足的進步。

秦國的疆域，由原先的陝西、甘肅東南部一帶不斷地向外擴張，而達到了山西、河南西部、四川等地。

秦王政粉碎了奴隸所有者的企圖，並逐步消滅分裂割據的諸侯國家，統一全國的時機可說已經成熟了。

嬴政繼承王位時，秦國的軍力早已勝過了號稱強國的楚，無論是數目、戰鬥力，六國都不是其對手。而且秦王政善於利用各國的弱點，以離間、分化的技倆，終於逐個地消滅了六國。

若想達成大一統的理想，只有完全寄望於秦國，因爲，唯有秦條件最優越，而在秦王政時完成了一切的準備工作。

其次，從這時起，原先的井田制度逐漸遭到破壞，又由於鐵製農具的出現，耕作技術得以改良，遂使原來的山林、荒野，變成了豐腴的農地；此外，昔日爲奴隸所有者以及諸侯所獨佔的手工業、商業，也漸漸地被開放了。

但是，在各個諸侯國之間，貨幣、度量衡的不統一造成許多不便，加上各處關卡林立，極度阻礙商品的流通；另外，從未間斷的爭戰也嚴重妨礙了經濟的發展。

所以說，除非解除戰爭所帶來的不安，粉碎奴隸所有者以及諸侯的復權企圖；消除殘存的奴隸制度，否則經濟將無法順利地發展。而法家所提倡的中央集權式的封建國家，正好符合那個時代的要求。

以考古學來印證始皇功績

——如何統一文化、經濟

15 挖掘有何成果？

秦始皇在軍事、政治、經濟、文化各方面所立下的功績，實在令人驚異。關於這一點，可由挖掘出來的古物中得到證明。

秦始皇的陵墓雖然曾經被挖掘過，可是，後來又由墓的東側挖到許多物品，足以印證始皇的功業，而爲世人所矚目。

某次，在西安城以東大約三十公里的臨潼縣，有位西楊村的農民在挖灌溉用的水井時，無意中掘得陶製的人頭，接著，身體及四肢也出現了，原來是個與常人一般大小的陶俑。

而且，發掘的地點，距離陵墓只有兩公里而已。

經過考古學者的調查，發現那兒有個很大的陶俑坑，東西相距二一〇公尺，南北相距六十公尺，深度約有四點六—六點五公尺，原先發掘出來的只是東側的九六〇平方公尺而已。

秦始皇在世時，已經開始修建陵墓，所以，出土的兵俑、馬俑，都是在他生前製造的。

16 何謂「地底大軍團」？

被發現的陶俑坑，總面積大約有一萬二千六百平方公尺。如前所述，已發掘的部分，僅有九百六十平方公尺而已。但是，在木造建築物的東端，有五個坑道，進去以後發現，在寬約六十公尺的地上，排列著許多兵俑，它們分成三排，每排七十二個，一共是二百一十六個，全都面向東方而立。

接著，在那些兵俑的背後，又出現了一大批兵俑，它們分爲四十個縱隊，共有三百一十四個；此外，還有用來拉戰車的二十四匹陶馬，看來相當雄壯。

所謂「陶俑」，是指用陶土所製，做爲殉葬品的假人。但是此次所掘得的，居然與常人一般大小，這對考古學界來說，是一項重要的發現。因爲在原有的印象中，陶俑應該都是小型的。如今這項說法被事實推翻了。

在古人的觀念裡，現世生活是至高無上的。基於這種對塵世依戀的心理，他們希望死後能在墳墓中繼續地生活。連平民都這樣想，更何況是享盡榮華富貴的帝王？他當然想把軍隊帶入冥界，以繼續炫耀身爲君王的威嚴。

然而，他總不能爲了滿足個人的欲望，而讓幾萬大軍活生生地殉葬啊！因此就採取折衷的辦法，以和常人一般大小的兵俑來代替。

在那個陶俑坑裡，大約有六千名左右的兵俑，整齊地排列著，使人不難想像大軍一旦眞的出動時，那份威武的氣勢。

每個陶俑的高度，大致爲一點七八——二點七八公尺，它們穿著甲冑，有些還拿著弓箭、長矛……等武器，一個個以戒備狀態肅立著，表現出高昂的鬥志，能使人充分地體會秦始皇併滅六國、統一全國時的軍威。

陶馬則高約一點二三公尺，身長二公尺，重約二百公斤，這眞是一個沈默的「地底大軍團」。

從古代藝術史的觀點來看，這些出土的陶俑，也正足以彌補秦代藝術史的空頁。

17 秦代文化的特色何在？

從秦始皇陵墓東側所掘出的陶俑、陶馬，可說都是些傑作，令人無法想像那是二千年前的作品。

那些陶俑都非常逼眞，使人不難看出塑造者的苦心，而且，它們的精神都被把握住：有的表現出勇猛、果斷；有的則剛毅不拔；還有的在眼睛、嘴角露出笑意，顯示出勝利者的那份喜悅。

陶馬也洋溢著活力，四肢强而有力，馬嘴微張著，充滿了生氣。

無論是陶俑還是陶馬，都有個共同的特色，那就是看來十分雄壯，能使人聯想到當時文化的概況，有人曾作這樣的說明：

「這些藝術品，正符合新興人民那種蓬勃的精神；而且，還能表達出法家所提倡的：藝術要美化現世生活的主張。……」

那些表露出生機的秦代作品，不像商周以來的靑銅器那般予人沈重的感覺，而另有一種不同的趣味。有人認爲：

「……就藝術而言，它們突破了奴隸制時代的範疇，從充滿神祕的世界，返回現實社會中，以寫實的手法，顯示出那個時代的生活，是古代藝術史上革命性的轉變……」

由此可見，秦始皇在政治上實行法家路線，而在文化方面，也抱著同樣的態度。

他規定藝術要和法家思想相配合，把藝術當成現實中爭鬥的工具，並對創作的方法，提出進步性的主張。

由於當時某些儒生認爲，奴隸所有者所代表的文化才是最完善的，而反對加以改革，因此，他們就被視爲「破壞文化的大罪人」。

18 他如何統一度量衡與貨幣？

在戰國時代，度量衡的標準各地不一，貨幣也是同樣的情形，人民爲此遭遇到不少困擾。

所以，始皇決心先統一度量衡制，結果剷除了弊害，使辛勤勞動的人民之間，能夠從事公正的商品交易，並對全國經濟的交流產生相當大的影響。

統一全國度量衡制的工作，於西元前二二一年完成。

始皇重定度量衡的單位，並製造大批標準器，分送到各地，後代還有部分保存著，那就是被稱爲「秦量」、「秦權」的升斗和秤子。

升斗即「量」，有銅量、陶量、木量，上面都有銘文。

秤子即「權」，用銅或鐵製造，重量不等，最重的有一石（一百二十斤；三十公斤），也都有銘文。

「度」即長度的單位，當時定六尺爲一步，一尺大約爲現在的零點二二公尺。

接下來，始皇進行貨幣的改革。

他把原先各式各樣的貨幣，加以統一而分爲兩種：以黃金鑄造的稱爲「上幣」；至於原本通行於秦國的圓錢（銅錢），則稱之爲「下幣」。

黃金以鎰爲單位，一鎰等於二十四兩（三百二十克），它並沒有固定的形狀，完全以重量來衡量。

銅錢被統一後命名爲「半兩錢」，這是因爲此種錢幣，每個重約半兩（十二銖；大約八克）。半兩錢是用青銅鑄成的圓形貨幣，中央有個方形的洞，這種形狀還被後代所襲用，甚至流傳到東亞一帶。

19　他爲何統一法律與文字？

在秦孝公時，採納商鞅的建議，以魏文侯相李悝所著的《法經》，爲國內根本的法律。

《法經》共有六篇，即盜法、賊法、囚法、捕法、雜法、具法，其主要目的，是保障地主階級既得的利益以及私有財產，並防止、鎮壓反抗的行動。

始皇統一六國以後，基於各國法律條文不一，遂參照《法經》予以改革。

秦代的法律——即「秦律」被挖掘出來後，經過專家們的研究，而有如下的結論：

秦律分為三種，第一種的內容大致和商鞅所定的秦律六篇相同。

在第二種律中，有將近二十個項目，例如：有關農地的「田律」；有關賦役的「徭律」；有關貨幣的「金布律」；關於任命官吏的「置吏律」；以及有關手工業的「工律」……。

至於第三種律，則有「游士律」、「除史律」、「除弟子律」等。

其次，我們要談到文字的統一。

在戰國初年，由於長久以來分裂、割據的局面，使得「言語異聲，文字異形」，對文化的交流與發展，造成很大的阻礙。關於這一點，我們可由出土的銅、陶器上的銘文、帛書以及竹簡看出來。

秦完成統一大業後，始皇開始積極地整理文字，於是，李斯、趙高、胡母敬等人，奉命將文字予以規格化，他們根據周朝的大篆，把筆畫稍微簡省，名之為小篆；此外，程邈又創出了隸書，在民間非常流行。目前所見始皇時代的石刻就是採用隸書字體。這是因爲隸書的構造比小篆更爲簡單，所以一般民衆在日常生活上，大多以隸書來書寫，久而久之，隸書遂取代了小篆的地位，成爲通行於一時的標準文字，而使我國的文字得以統一與普遍。

這項文字上的改革，不但直接影響到全國法令的統一、公文書的傳達、中央集權制度的强化，還對文化的交流、普及、保存等方面，發揮了相當大的功能。

20 爲何連武器、車輛的寬度也要限制、規定？

始皇把從前設在各國邊境的關卡、要塞予以毀壞，又規定車輛的寬度。

他在西元前二二〇年，以國都咸陽爲起點，大規模地修建通往東、南方的馳道——一支往東方的燕、齊地區；另一支直通南方的吳、楚。

這條馳道按照一定的規格修築，路面高而堅固，寬度有五十步，並在路的兩側種植青松（以上是根據《漢書》的記載）。

後來，始皇又下令修建直通西、北方的馳道，這次的建設，使得政令的傳達、物產的交流、軍隊的調動方便許多，並對全國的統一、强固，產生很大的作用。

過後，始皇下令將民間的武器全部聚集於咸陽。有人認爲他這樣做是爲了守衞國都，其實不然。那些武器通通被銷毀，然後鑄成無數的大鐘以及十二個「金人」，每個金人重達千石，被放置在宮廷中。所以，與其說他如此做是爲了保障秦國的和平，不如說是炫耀他的權威。

從春秋末期開始，鐵製的農具逐漸普及，但是武器卻一律用青銅製造。據說把兵器改爲鐵製，還是漢朝以後的事。雖然鑄鐵的硬度比較高，可是經不起敲擊；又因爲熟鐵的製造技術還很落後，因此在戰國時代，仍然用青銅來鑄造兵器。那些從民間沒收的武器，就是青銅製的，才會便於鎔毀。

進入戰國時代以後，青銅器脫離了禮器特有的形式，而被創造出許多新的式樣。由於當時諸侯割據，各地風俗習慣不同，所以，鑄造出來的青銅器，形狀眞是五花八門。秦始皇的統一全國，也對青銅器的製造發生影響，隨著經濟、文化的統一，逐漸消除了器具在地域上的特色，使得青銅器的形式、規格，漸漸趨向於劃一。

接著，始皇把全國的十二萬戶富豪，全部强迫地集中在京師，《史記・秦始皇本紀》

有如下的記載：

「……徙天下豪富於咸陽十二萬戶……」

始皇可能意圖掌握天下的財富，同時監視比較方便，並能顯示帝王的威權。

他有許多措施對後世產生了影響。以遷徙富豪這件事來說，元代的忽必烈把新都定在北平，就是從始皇那兒得來的靈感。

根據《元史》的記載：至元八年正月，忽必烈下令舊都的三百八十戶居民，遷徙到新都，而予以補償。連一代雄主忽必烈也無法像始皇那樣，一舉遷移十二萬戶富豪。

21 獎勵農業的政策

始皇在西元前二一六年下詔，命全國的百姓報告他們所佔有的土地面積，由政府予以登記，然後告訴人民：只要他們繳納地租，就承認他們的土地所有權。

始皇爲了確立土地所有制度，並保障農業經濟的發展，而採取「重農抑商」的政策。

當時，在富商與地主之間，有著利益上的衝突。這是因爲大賈們在商品交換、投資、屯積中，一味地獲取暴利，使得農民的經濟受到很大的影響。

其次，始皇採取各種辦法來獎勵農業生產，例如：使部分人民遷移到缺乏勞動力的地區以開墾荒地，並在一定期限內免除他們的賦役；此外，還把奸商、奴隸、罪犯等流徙到遠方，讓他們擔任墾殖、守衛邊疆的工作。

再者，始皇對於水利事業非常熱心，早在統一全國以前就修築了鄭國渠，便利關中平原的灌溉，《史記》也贊揚關中一帶沃野平疇，歲無飢饉，秦國以此富强。

秦完成大一統後又舉辦開墾事業，而在廣西省北部一帶，興築長達三十五公里的水利設施，此舉不但振興了農業，也在政治、軍事、經濟、文化各方面，具有重大的意義。

22 他是一個建築迷嗎？

始皇可說是個狂熱的建築迷。大家都知道，他修建了萬里長城以及壯麗的阿房宮，還有宏偉的驪山陵，這固然是因爲他生性愛好奢華，但在另一方面，他也想藉此顯示帝王的威嚴。這些規模龐大的土木工程，確實對當時的人民，構成一項很沈重的負擔。

阿房宮從西元前二一二年開始動工。始皇覺得國都咸陽的宮殿太小，就在渭水的南岸修建阿房宮，做為前殿。根據顏師古的說法，「阿」有接近的意思，以其距離咸陽不遠，而被命名的「阿房」。這本來只是暫時的名稱，打算等正式完工時，再取個響亮的名字，後遂一直沿用下來。

阿房宮的規模相當大，東西相距五百步，南北相隔五十丈，據《史記》上說：

「……上可以坐萬人，下可以建五丈旗……」

然而，在始皇生前並未完成這座宮殿，二世皇帝即位以後，由於天下動盪不安，被迫中止這項工程。可惜的是，在秦朝滅亡時，項羽的軍隊把阿房宮給燒毀了。據說在西安市的西郊，三橋鎮以南有個丘陵，那就是阿房宮的遺址。

接著，我們要談到的是驪山陵，秦始皇在世時，就開始動員大批人力、物力，在咸陽以東、渭水以南的驪山，為自己修築陵墓。

據說，在陵墓前面設有許多陷阱，一旦有盜墓者侵入，就會自動地射出箭來。但是這些機關一直沒有機會運用。因為，始皇死後三年，當項羽的軍隊進入咸陽時，這座陵墓遭到了破壞。傳說當時為了搬運殉葬的物品，以三十萬的人力，足足花費了三十天才搬完，這種說法當然稍嫌誇張，但也不難想見陵墓內部奢華的情形。

根據資料顯示：陵墓底面東西相距四八〇公尺，南北相隔五百公尺，高度爲七十六公尺，是一座三層的方形陵墓，四面設有門，外側還有圍牆。

我們可由史料中得知陵墓內部大致的情況——放置棺木的房間，稱爲「玄宮」，而以房頂象徵天體，以寶石代表星球，以地面表示我國的地形，並以水銀顯示出河川。

23 儒、法二家之爭

我國的上古史，以石器時代爲開始；隨後有商、周、春秋的出現，那個時代的特徵是青銅器；後來，人們逐漸使用鐵來鑄造農具以及日常生活的用具，至於青銅器則大半只限於祭祀時使用。

經由河南、湖北等地商代遺跡的發掘，使世人對當時的情況有更進一步的瞭解。根據研究報告顯示：青銅器可說是王侯身份的象徵，脫離了一般人的日常生活，人們鑄造青銅器，而把農產品盛入其中，進行祭祀的活動。

在流傳下來的青銅器中，比較優良的成品大多是商、周時代所鑄造的。不知何故，後來就很少出現優異的作品。商、周時期所以能產生品質精良的青銅器，可能和當時的社會體制有關。那時的王侯們蓄養著很多奴隸，因此，由奴隸們製造出來的精巧的青銅器，可說是貴族權力的具體表現。

我們可由出土的青銅器中看出，在儒家得勢的戰國前期，和法家勢力抬頭的戰國後期，作品中所表現的風格有著很大的差異。

在由奴隸制轉爲封建制的社會變革中，儒家代表的是逐漸沒落的奴隸所有者；法家則代表新興的地主，所以，二者成爲對立的學派。

「儒」是指遵循周禮，爲奴隸所有者包辦婚禮、喪禮的職業。孔子在年輕時，也曾做過這種工作，後來到魯國爲官，並且致力於教育，而形成一個學派。由於他曾從事過「儒」這個行業，後人遂稱他所創立的學派爲「儒家」。

法家則是適應新興地主的需要，站在與儒家相對的立場，而在爭鬥的過程中所產生的學派。他們主張法治，和儒家的禮治相對抗，因此被稱爲「法家」。

法家代表當時新興地主的利益，力主變革、前進，强烈地反對落伍、復古。

如果以政治的觀點來看戰國時代儒、法二家的爭鬥，可以發現他們爭執的焦點，在於究竟該採取封建制還是郡縣制？

儒家以禮治爲根本，擁護奴隸制下的各種制度，他們强調必須維持貴族世襲制，固守分封的制度；法家則反對這種階級性的特權，而以國家的統一爲出發點，主張强化中央集權，並以郡縣制來取代封建制，秦始皇的豐功偉業，可說就是根據法家思想而達成的。

步向強國之路

——邊境小國何以能稱霸

24 秦在何時建國？

從河南省西部到陝西省，有縱走的伏牛山脈，在其左方的一角是長安城（即今之西安）；其次，朝西進入甘肅省，靠近渭水的地區是秦州，而在天水的西南方，有個名叫犬丘的地方，那兒住著一個人，他叫做非子，是帝舜臣下柏翳的子孫。當初，柏翳為舜主持畜牧事業而有相當的成效，舜遂賜予「嬴」姓，非子即其後裔。

非子繼承產業，對馬的飼養特別有心得，周孝王聽說後，就召見他，讓他在渭水流域的秦州一帶飼養馬，果然有非凡的成就。根據《史記》的記載：孝王讓他領有秦州（現在的甘肅省清水縣），號稱「秦嬴」，事實上等於是周的屬國，總之，嬴非子就是秦國的始祖。然而這是上古時代的事，所以非子可能只是個小部落的酋長，而接受周朝的管轄。

關於我國古代社會的情況，學者的看法不一。一般來說，夏朝時以漁獵為主；商朝則是畜牧、農業並重；到了周朝，農業躍居主要的地位。而且周朝的農業以洛陽一帶為中心，距離它越近的地區農業越興盛；至於遠離洛陽的西部地區，則以商業取代了農業。

在嬴非子領導下的一羣人，生活於秦嶺之麓、渭水之畔，以經營畜牧爲主，而在農業方面非常落後。然而，農業在當時已成爲主流，因此他們在周人眼中，還是屬於半開化的人羣。

秦從始祖非子開始，進入了信史時代，其前則被視爲傳說時代。

《史記．秦本紀》中記載：顓頊的嫡裔女脩，吞了一枚玄鳥的蛋，而產下了大業（即皋陶），大業之子即大費（也就是柏翳）。

當夏禹爲帝舜的臣子時，柏翳曾經和禹一道治水，待水患平定以後，帝舜爲了獎勵他的功績，遂賜給他一名姚姓的女子，二人結爲夫婦，後生有二子——大廉與若木。

後來，柏翳被賜姓爲「嬴氏」。

25 周朝何以被滅亡？

夏、商、周三代，並非世代相承，而是分別由三個不同的民族所組成的國家。

商本隸屬於夏，後起而取代之，商、周之間的情形也是一樣。周在太王時代，定居於岐山下面的周原，到太王孫文王時，才遷居渭水流域的豐，勢力逐漸强大。

當文王之子武王在位時，以牧野一戰，消滅了殷商，成爲全中國的支配者。

根據《荀子》的記載：周新建了七十一個都邑，周的宗室有五十三人受封，他們成爲王室的屏藩。

在我國古代，由天子賦予新建都邑的首長支配權，這種制度稱爲封建。

在周王室與各個諸侯國之間，連繫似乎並不密切，只是在形式上，周天子保有最崇高的地位而受到特殊的禮遇。

後來，周王室的威權逐漸沒落，對諸侯國的控制力也越來越弱，尤其是在春秋戰國時代，各地有力的諸侯羣起，合併附近小諸侯國的地盤，勢力日益擴張。

西元前二五六年，周朝終於爲秦國所滅。

26 秦與犬戎的爭戰

犬戎是塞外民族的一種，周朝自始至終，都受到它的嚴重威脅。西周末年，幽王荒淫無道，犬戎遂攻陷鎬京，殺死了幽王，而使周室被迫東遷。

秦當秦仲在位時，犬戎又作亂，周宣王就以秦仲爲大夫，命他討伐犬戎，結果他反爲戎人所殺。

秦仲有五個兒子，長子即莊公，周宣王召見以莊公爲首的五兄弟，授予七千兵馬，命他們征討犬戎，結果獲得成功，報了殺父之仇。

後來，莊公住在始祖非子所居的犬丘，他的兒子世父，把王位繼承權讓給弟弟襄公，自己則終年在外從事征戰。莊公去世後由襄公繼位，兩年以後，戎人包圍了犬丘，世父爲戎人所俘虜，被囚禁了一年多。

就在這時，周幽王被殺，繼位的平王鑑於犬戎不時地入侵，遂把國都遷到東方的雒邑（河南洛陽），自此改稱東周，王室的威權一落千丈。

當時，秦襄公眼見平王東遷，就率軍護衛王室，顯示出一片忠心，平王就封襄公爲諸侯，賜予岐山以西的地方。

秦雖然從周王室得到封土，而使疆域得以擴展，但爲了確保那塊土地，卻必須不斷驅逐入侵的戎人，襄公也在即位的第十二年，征討犬戎時戰死。

像這樣，秦國在一世紀裡面，可說未停止過與戎人的征戰。而且，他們之間的戰爭可以算是宿命性的。秦國若想生存下去，就不得不走上這條路。因此，秦人的驃悍勇武，實際上是由長期的民族戰鬥中培養出來的。

後來，由於一代雄主秦穆公的出現，使得秦國的領土更爲擴大。穆公是由襄公數來的第九代，也被稱爲繆公。

從秦國的發展來說，穆公是個關鍵性的人物，他剛即位，就無可避免地與犬戎發生戰爭。他還提拔了戎族出身的賢人由余，在由余的獻策下，秦向戎人的地域大事拓展，而奠定了他興起的基礎。

27 秦國的富强

秦始皇能統一中國，並不是偶然的。

司馬遷在《史記》上說他是「……續六世之餘烈……」，誠爲實言。

所謂「六世之餘烈」，是指始皇以前六代秦王的勳業，六代即指孝公、惠文王、武王、昭王、孝文王、莊襄王等六位秦王，如果沒有他們的功業，始皇根本無法達成大一統。

孝公是由襄公數來的第二十五代，由穆公數來的第十七代秦王。

周天子雖然在名義上是天下的共主，但是中原的統一早已蕩然無存，强大的諸侯演成割據的局面，齊、楚、燕、韓、趙、魏六國，彼此爭爲霸主。

然而，當時的秦國由於地理位置比較偏僻，所以並未直接參與各國的爭霸戰，甚至被諸國視爲夷狄，而處於孤立的地位。

可是，這份被輕視的恥辱反倒刺激秦人發憤圖强，孝公一意尋求國富兵强，遂公開徵求人才。孝公聲稱：

「……在我的賓客羣臣中，只要有人能出奇謀，使秦國躋身强國之列，我將厚賜以爵位、領土……」

孝公所下的餌，果然釣上了一條大魚，那就是在秦國發展史上舉足輕重的公孫鞅。鞅本是衛國（戰國時代的諸侯之一，領地在河南省的北部）的公子，所以又被稱爲衛鞅，至於「商君」這一名詞的由來，則是因爲他後來被封於商。

鞅首先出仕於魏（諸侯國之一，國都為開封），可是並沒有受到重用。於是他在西元前三六一年辭去在魏國的職位，轉而投效秦孝公，被任命爲大良造（相當於相國兼將軍）。他針對孝公富國强兵的理想，實施全面的改革，而使秦的國力大增。

由於他對秦國貢獻卓著，遂被封於商（陝西省高縣），故又被稱爲商鞅或商君。他所實行的變革，被認爲是形成統一國家的基礎，而獲得很高的評價，著有《商君書》（即商子）五卷。

總而言之，經過商鞅根據法治主義進行改革，使得秦國逐漸步上軌道，而朝著强國之路邁進。

28 商鞅對秦國發展的貢獻

孝公在位的第八—十年，經由商鞅的策劃，秦和魏發生爭戰而擊敗了魏國。

其次，在孝公十二年，商鞅建議把國都從雍遷移到咸陽，孝公採行以後，一直到秦朝被滅亡，秦未曾再遷都。

嚴格地說，始皇後來所建的國都，比孝公時代的稍微偏西，可是始皇時的國都規模相當大，所以孝公時的咸陽城很可能被包括在內。

商鞅統合鄉邑等行政區域爲縣，而在全國設置了三十一個縣；他還進行整理、規劃田地的工作，並實施守望相助等維持治安的辦法，秦國在他極力的改革下，遂有了驚人的發展。

當時，新興的封建制度正逐漸取代舊有的奴隸制度，可說是個社會變革的時期。

商鞅的變法就是針對這種社會背景。他斷然地實行法治，不論在形式或實質上，都採取前進的政策，決心以地主來取代奴隸的地位。

他所制定的法令，就是要維護地主的利益，也是國家統治的根本。他的法治路線是「法、任、國、治」（見《商君書・愼法篇》），而和儒家的禮治路線形成明顯的對立。

他强調法律的尊嚴，爲了樹立威信，在國都的南門放了一根巨大的木頭，然後貼出了一張佈告：

「如果有人能把巨木移到北門，就給他十金的報酬。」

人們看了佈告後都議論紛紛，但是沒有人肯上前嘗試，於是商鞅把賞額提升爲五十金。這一來，人們騷動得更厲害了，終於有一個人挺身而出，把巨木搬運到北門，結果就像布告上所說的，他領到了五十金。

這件事很快地一傳十、十傳百，人們瞭解政府公佈法令，是言出必行的，商鞅就趁機發佈了變法的命令。

僻處西疆的秦國在穆公時發憤惕勵，到了戰國時代，得力於商鞅的變法，國勢益趨强盛。

秦國在當初只不過是周朝的附庸，從事畜牧而被中原諸國視爲夷狄，由於生存所迫，又不得不和犬戎展開長期的戰爭，如今總算步上了軌道，朝著强國之路前進。

29 商鞅何以被處刑？

司馬遷在《史記》一書中評論道：

「商君其天資刻薄人也……」

商鞅是法家的始祖，他身爲政治家，而以法律的守護者自居，對人毫不寬貸，招致不滿也不在意，似乎眞是個冷酷的人。但是孝公卻必須仰仗他把秦國帶上富强之途，事實上他也確實辦到了。

根據《史記》的記載：

「天子致胙孝公，諸侯畢賀……」

像這樣，周天子特地把胙肉（祭神的供肉）賜給孝公，表示秦國的地位已不容忽視；周室還授與伯的爵位，孝公被公認爲天下的霸主。

本來被視爲夷狄的秦國，如今以新興的姿態超越了中原諸國。看到這種情形，身爲變法功臣的商鞅，內心應該感到很安慰吧。然而，在他推行政令的過程中，得罪了不少權貴，以致為自己招來殺身之禍。

對商鞅十分寵信的孝公，在登基二十四年以後去世，由未滿二十歲的太子即位，也就是惠文王，於是，那些對商鞅敢怒不敢言的人，終於找到了報復的機會。他們唆使年輕的惠文王，下令把商鞅處決。

商鞅得知消息後被迫逃亡，他在黃昏時分抵達某個地方，想找家客棧休息，可是那些人並不認得他，還詢問道：

「……你有官方發的通行證嗎？」

「哦！我沒帶來……」

「那麼，對不起！我們不能讓你住下來……」

照理說，店家對客人歡迎都來不及，怎會閉門不納呢？這是因為根據商鞅所制定的法律，隨便留宿來路不明的人，一旦被查知，將遭受嚴重的處罰。

後來，商鞅回到自己的領地，為了保全生命，被迫舉兵反抗王室，終因寡不敵衆而被逮捕，最後被處以車裂之刑。

商鞅死後，秦國的內政雖然不再像以往那麼清明，但正如韓退之所說——「秦法未敗」，商鞅所實行的法治路線以及已上軌道的各項措施，都被保留了下來。

後來，秦國在戰國羣雄中，以西北爲根據地，擁有雄厚的實力，而逐步地向外擴展。

當孝公之孫昭襄王在位時，領土更加擴大。昭襄王屬下有位著名的將領白起，他率軍攻打東邊的韓、趙、魏，而和稱雄於東方的齊國，成爲當時的兩大勢力，地位迅速地提升。時人稱昭襄王爲「西帝」，齊湣王爲「東帝」。同時，秦又合併蜀地（四川省），成爲其治下的一郡。

30 水渠工程是否爲韓國的陰謀？

當始皇還是秦王時，有個名叫鄭國的人，帶著韓王的書信請求謁見。

韓王的信上寫著：爲了幫助秦國治水，他特地派遣對水利工程很有研究的鄭國，到秦國來……。

鄭國傾其所有地向秦王解說治水之道，他認爲：應該在渭水支流的涇水上游築壩，然後另外挖掘水道，把水流導向東方的洛水，並可在中途用來灌溉渭水北岸的荒地。

秦王政也覺得這是良策，就徵集了二十萬名伕役，開始修建水壩，而讓鄭國監督工程的進行。

根據《史記・六國年表》的紀錄：工程始於秦王政即位的元年，但是從各種情況看來，時間應該稍晚。

然而，當工程進行到一半時，秦才發現原來這是韓國的陰謀——韓國害怕秦軍入侵，遂派遣鄭國來遊說秦王，興築這項規模宏大的工程，以削弱秦的國力。

也許秦王政早就發現，在這項工程的背後隱藏著他國的陰謀，但他將計就計，索性利用鄭國的才智完成那項水利工程，以使關中一帶變成肥沃的良田。

鄭國雖然一度被捕而接受審訊，可是，不論他來秦國的政治背景如何，他對秦王倒是忠心耿耿，而具有高度的工作熱忱，因此，秦王就讓他繼續負責監工。

結果，開闢了四萬多頃良田。

那一帶本是一片荒地，變成田地以後，平均每畝地的收穫量是一鐘（大約一一〇公升），使得秦國的財政獲益相當大。

這個灌溉水道，後來被命名爲鄭國渠，到了漢代，又興建了名叫白渠的分支渠道，所以也被稱爲鄭白渠。

31 李斯何以被秦始皇重用？

李斯本是楚人，和韓非一起在荀卿的門下學習帝王之術，他也和韓非一樣，捨棄儒家之學而奉行法家之學。

他在秦孝文王時進入秦國，成爲呂不韋的賓客，後來被推薦爲郎官（王的侍衞）。

李斯認爲：如果出身貧賤而不力爭上游，等於禽獸看見眼前有塊肥肉，卻不知伸手攫取。卑賤是一個人最大的恥辱，而做人最悲哀的事莫過於貧窮。當時是個經濟迅速發展的時代，李斯既然是傑出的人才，難免會有這種想法。事實上，他也是個極端信奉進身主義的人。

他由楚國來到秦國，最主要的理由是尋求個人的出路，他認爲當時的楚王不值得他效忠，唯有雄才大略的秦王政，才是應該輔佐的對象。他覺得這是千載難逢的好機會，只要他在秦國任官，就有飛黃騰達的一天。以上是我們對他入秦的動機所作的研判。

他身爲呂不韋的賓客時，可能也參加了編纂「呂氏春秋」的工作，然而，他所信奉的進身主義以及法家思想，促使他背叛了呂不韋，等呂不韋失勢以後，他就開始爲秦王所重用。

他向秦王獻策，採取離間、分化的手段，將六國個別地擊滅，結果受到秦王的賞識，而被任爲丞相府的長吏。

後來，他又被擢升爲「客卿」——這是對外來人士的禮遇，使其位列大臣。

就這樣，他一步步地高升，終於爬到了足以施展其手腕的地位。

誰知就在這時，秦王突然下了一道「逐客令」，李斯也在被驅逐的名單中。可是他很快地上書秦王，使其打消原意而收回了那道命令。而且他自己還因禍得福，藉此機會更進一步地往上爬。

他眼見地位已鞏固，就高唱其政治理論，並針對秦國內部的各項設施進行改革。

他主張徹底地實行法治，而反對儒家的德治主義。

根據他的理論：身爲一國之主，並不一定要具備崇高的道德；但是必須有卓越的法治能力，也就是要有操縱臣下的技巧。所以要確實地掌握臣下的言行，加以作多方面的判斷，而實施「信賞必罰」的原則。這實在是一門很大的學問，要想運用自如並不容易。

他這套說法，很合秦王的口味，因此在始皇生前，他一直受到重用。

32 「逐客令」由何而來?

我們已在前面說過,鄭國到秦國協助治水後,被人發現原來他是韓王派來的間諜。當時這種流言傳佈得相當廣。剛巧在不久前,又曾發生嫪毐等人叛變的事件,所以人心難免有些動搖。

當時,有許多外來人士在秦國爲官,他們被稱爲「客」,而受到相當的禮遇。但是,等「興築水利工程,是外國的陰謀」這個消息傳開後,秦人都非常憤慨,激烈地主張把「客」通通驅逐出境,於是,秦王發佈了「逐客令」。

可是,這項命令不久就被取消了。

丞相府的長史李斯,雖然知道自己也被列入名單中,成爲在秦國不受歡迎的人物,他還是理直氣壯地上書,爲秦王剖析利害,終於使秦王收回了成命。

這篇著名的〈李斯諫逐客書〉,主旨是提醒秦王勿犯下錯誤。

他在一開頭就說:

「聽說宗室大臣們,都在鼓吹逐『客』,我覺得這樣做是不對的!……」

於是，他提出以下的反駁：

「……只要回顧秦國的歷史，就可知道穆公、孝公、惠文王、昭襄王等英明的君主，都是借重外國的人才，使得秦國日益强盛。這樣看來，客卿並沒有對不起秦國啊！如果那四位君王沒有容人的雅量，秦國又那來今天的局面呢？假使王上驅逐了這些有用的人才，他們只好轉而投效他國。如此一來，豈不是間接幫助別國强大嗎？這就好像把武器借給敵人，或是送糧食給盜匪一般……」

秦王政看了李斯的文章，不禁爲其理論所折服，遂取消了「逐客令」。經過這次的事件，秦王更加看重李斯，他終於在西元前二一四年，登上了丞相的高位。

鄭國也曾爲間諜案被逮捕，據說，李斯上書以後，他就被釋放了；也有人認爲，早在李斯上書以前，他就獲得寬宥了。

像這樣，信奉法家思想的李斯，主掌秦國朝政以後，秦國正式成爲法治主義所支配的國家了。

33 尉繚是何等人物？

當李斯被任為丞相府的長史時，有個名叫繚的人，從魏的國都大梁（河南開封）來到了秦國，他和蘇秦、張儀同是鬼谷子的學生。據說，他曾在魏惠王手下任官，也有人認為他就是魏人司馬錯，雖然他的身世不詳，但總是成一家的人物。

他是位傑出的法家，著有《尉繚子》一書。他曾晋見秦始皇，强調應該更積極地推行商鞅的法家政策。

他還提醒秦始皇，以秦國强大的國力，要想逐個地對付、消滅他國，應該是毫無問題的。唯一要提防的是其他國家結成聯盟，共同地抵抗秦國，萬一眞的如此，秦國的前途就不太樂觀了。所以始皇不能吝惜財帛，而要多方地活用，以收買各國的有力人士，設法擾亂別國的內政。

始皇覺得他的話很有道理也很重視他的才幹，於是任命他為國尉，因此他又被稱為尉繚。

國尉是中央政府最高長官之一，相當於軍事總參謀。

始皇的本意可能是讓他擔任這份要職，以便推行法家的政策，並策劃統一六國的軍事行動。

尉繚對於進身的期望，並不像李斯那般殷切，他一度心灰意冷想辭官他去，經過始皇的懇切挽留才打消去意，而受到相當優渥的待遇。

等尉繚被始皇重用以後，始皇對他言聽計從，而把他的獻策交給李斯去執行。

34 始皇何以賞賜韓非？

某次，始皇閱讀〈孤憤〉、〈五蠹〉兩篇文章，深深受到感動，因而對作者韓公子非相當的欣賞。

根據《史記》一書的記載：

「……秦王見孤憤、五蠹之書曰：嗟乎！寡人得見此人與之游，死不恨矣！……」

始皇心想：韓非總括各派法家的學說，主張「法、勢、術」，強調法治主義，實行信賞必罰的原則，廢棄官祿世襲制，建立統一的國家。……他又認爲應該重視農業、壓抑商業、獎勵開墾、增產糧食……這些政策都很符合我國的需要。嗯！我眞想和這人談談……

始皇十四年，在李斯的建議下，秦軍進攻韓國邊境，其目的是想獲得韓非這個人。因此，秦軍向韓國提出通牒：

「……只要把公子非交出來，我們立刻撤軍……」

在此以前，韓非曾向韓王安建議，實行法治主義，以達到國富兵强的理想，卻未爲韓王所採納。當韓收到秦軍的通牒後，韓王立刻把這個問題人物送到秦國以求了事，《史記》中也記載道：

「……韓王始不用非，及急，迺遣非使秦……」

韓非到秦國以後，秦王馬上召見他，一談之下對他更爲欣賞，可是過沒多久，李斯向秦王進讒言，指責韓非使秦的目的是要破壞秦統一天下的政策。

當時，李斯握有最高檢查權，韓非當然不是他的對手，結果被關入雲陽地方的監獄。遺憾的是，當秦王發現其中有誤想再次召見他時，他卻已死在獄中了。

韓非身繫囹圄時，曾經幾度上書，但都被李斯所扣留，根本未到秦王手上，《史記》一書中道：

「……韓非欲自陳，不得見……」

寥寥數語道盡韓非含冤莫辯，飲恨而終的痛苦。李斯更以卑鄙的手段，假借秦王之名，賜予韓非毒藥，令其自盡於獄中，非遂含冤而死。

韓非與李斯有同門之誼，然而李斯妒忌韓非的才學，深恐他爲秦王所重用。爲了防止自己失寵，遂背著秦王把韓非逼上絕路。若這件事情屬實，則可說是李斯留在歷史上的一個汚點。

韓非雖然早逝，但是他的學說已印入秦王的腦海中，成爲思想上的强大武器，對於秦完成統一大業，不能說沒有影響。

35 秦何以攻趙不易？

韓非死於秦獄中，是始皇十五年的事（西元前二三二年），兩年以後，始皇派內史（司國家典法之官）騰率軍攻韓，結果俘虜了韓王，佔有了韓境，改爲潁川郡。自秦孝公以來，秦和六國之間的平衡關係，就此踏出了崩潰的第一步。

在函谷關以東的六國中，以趙國的兵力最爲强大，所以秦國花費了六年的時間，才攻下趙國，下面是二強爭戰的概略紀錄。

西元前二三六年，秦先用計離間燕、趙兩國，使其開啓戰端，又以解救燕國爲名，派出大將王翦以及桓齮、楊端和率二路大軍進攻趙國。

當趙軍開始攻燕時，王翦的軍隊早已攻下了閼與（山西省和順縣）、杜陽（山西省左権縣）二地，那些地方都是趙的國防重鎮。

接著，當趙將龐煖攻擊燕的貍（河北省任邱縣北）時，秦將桓齮、楊端和的軍隊又攻下了趙河間地區的六座城池；又龐煖攻燕的陽城（河北省清苑縣西南）時，桓齮的軍隊攻陷了鄴（河北省磁縣東南），等龐煖到南方搶救，漳水流域早已落入秦軍手中，就這樣，趙的河間地區完全陷落。

西元前二三四年，秦又派遣桓齮攻趙，平陽（河北省磁縣東）、武場（山東省夏津縣西北）二地被攻下，秦得首級十萬，趙的大將扈輒在此役中陣亡。

次年，始皇又派桓齮率軍越過太行山脈，攻擊趙的宜安（河北省蒿城縣西南），趙以大將軍李牧迎戰。

李牧是駐防北疆的守備司令，曾數度阻止匈奴入侵，用兵之妙有口皆碑，他所統帥的邊疆防衛軍是當時趙國最強的部隊。

在這場戰役中，李牧不負國人的重託，擊退了進犯的秦軍，由於這次的勝利，李牧被封爲武安君。

翌年，秦軍又分二路攻趙，仍然未能得逞。但是，在一連串的接觸中，趙國也受到嚴重的損失。趙王自忖到底不是秦的對手，就派遣使者到魏、齊等國，企圖聯合各國攻秦，結果未能如願。

後來，秦軍又繼續攻趙，使得原本强大的趙國，力量一天天地削弱。在這期間，秦已攻滅了六國中最弱小的韓。

西元前二二九年，秦軍大舉攻趙，然而，李牧卻在一次國內的變亂中被殺，趙軍因此士氣低落而遭到慘敗。

西元前二二八年，趙王遷被俘，於是在六國之中，予秦最大威脅的趙國，在抵抗了六年之後，終於被滅亡了。

36　秦國如何擊滅六國？

西元前二二五年，始皇派王翦之子賁率軍遠征楚國，王賁很快地擊敗楚軍，然後乘勝進逼魏國，三個月以後，魏不支投降，於是，魏亦歸於滅亡。

三晉（韓、趙、魏）既然都消滅了，秦就使燕王敗走邊疆，而集中全力攻擊楚國。

西元前二二四年，秦將李信與蒙恬率領二十萬大軍，開始向楚國進攻，但是，楚人堅强地抵抗而使秦軍遭到敗績。當時，秦國眼看就要掌握天下了卻遭此挫折，秦王自然大爲沮喪。至於事情的經過，大致如下：

秦大將王翦本著豐富的戰爭經驗，估計大約要出動六十萬大軍，才能降服楚國；然而，驍勇的青年將領李信卻聲稱只要帶領二十萬人馬，就可擊滅楚國，秦王被李信所說服，照他的要求撥出兵馬，由他和蒙恬統帥，意氣激昂地向楚進發，王翦則稱病歸隱於鄉里。

秦軍分二路進攻，在剛與楚軍接觸時，雖然稍有斬獲，但楚軍稍後攻其不備，遂使秦軍大敗。

秦王政接到失利的戰果報告，自然又氣又急。於是他親自前往王翦家道歉，請求這位老將復出，王翦礙於盛情，遂重新被掛出征。

這一次，王翦率領六十萬大軍，與楚軍對陣，開始時，王翦下令修築堅固的堡壘，似乎在短期以內，無意與楚軍決戰。因此，楚軍安心地往後撤，不料王翦卻派兵追擊，楚軍倉促地應戰，遂大敗於蘄（安徽宿縣以南）。

西元前二二三年，楚軍被徹底地擊潰，楚將項燕被俘而自殺，他的子孫項羽卻在後來滅亡了秦朝。

秦軍乘勝襲捲各地的城邑，佔領楚都壽春（安徽壽縣），俘虜了楚王負芻，平定楚國全境，劃歸秦的版圖。

王翦之子賁，也在這年和李信攻略燕的遼東，據獲了燕王喜，燕國至此歸於覆亡。趙在西元前二二六年被攻滅，但是公子嘉逃到代（察哈爾蔚縣），自立爲代王，趙人多前往依附。秦軍滅燕以後，立刻發兵攻代，俘虜了代王嘉，趙遂完全地滅亡。

至於六國中僅存的齊，由於地處沿海，對秦又很恭順，因而得以苟延殘喘。後來，秦人收買了齊相后勝，而在西元前二二一年，突然從燕南下，王賁的軍隊根本未遭到抵抗，長驅直入齊都臨淄，俘虜了齊王建，戰國羣雄至此全部爲秦國所滅。

就這樣，秦王政以前後十年的時間，完成了統一大業。

出生的祕密

——是否為呂不韋的私生子

37 爲何省略呂不韋，即不能談秦始皇？

關於呂不韋的身世，《史記》中只寫著：

「呂不韋者，陽翟大賈人也，往來販賤買賣，家累千金……」寥寥數語。

有一次，他到邯鄲做生意，邯鄲在河北省，是當時趙的都城，也是著名的商業城市，來自各方的商旅絡繹不絕。

呂不韋居留邯鄲期間，趙的國勢還很强盛，當時，秦王（昭襄王）之孫子楚正在邯鄲做人質。

秦昭襄王四十年，原定的王位繼承人去世，遂於四十二年改立次子安國君（即後來的孝文王）爲太子。

安國君有二十幾個兒子，但都庶出，原配華陽夫人雖然未曾生育，卻以貌美而最受安國君的寵愛。

至於子楚的生母夏姬，則爲安國君所冷落，因此，子楚也自然而然地得不到關愛。他在趙爲人質時，由於經濟來源常常斷絕，使得他日常生活十分拮据。

在邯鄲的呂不韋發現了子楚的困境，覺得眞是天賜良機，根據《史記》的敍述，呂不韋當時說道：

「……此奇貨可居！……」

這成爲流傳於後世的名句。

呂不韋本來就是個善於投機的商人，這句話把他的本性表露無遺。他所謂的「奇貨」，並非指夜明珠之類的稀世珍寶，而是指子楚這個人。呂不韋憑著他敏銳的判斷力，決定對秦國的內政，下一筆大賭注。由於他這一念，遂註定了子楚之子——即嬴政日後的命運。

經過呂不韋暗中的活動，子楚終於回到秦國。等昭襄王死後，安國君（即孝文王）繼位，子楚遂被立爲太子，不久，孝文王得急病去世，子楚匆匆地即位，是爲莊襄王。

這一連串的演變，都是呂不韋計畫的結果，因此，他在莊襄王時被封爲秦國的丞相，他所投下的賭注，獲利何止千萬倍。

莊襄王在位三年就去世了，而由他在邯鄲時所獲得的兒子嬴政繼位，此即後來的秦始皇。

據說，當初呂不韋把懷有自己子嗣的愛妾獻給子楚，而爲不知情的子楚所接納，生下的孩子即嬴政，他的出生遂成為歷史上的一個謎。

如此說來，呂不韋的身分非常複雜，他既是嬴政的生父，又是秦國的丞相，以及後來的攝政，而在秦國的宮廷處於一種微妙的地位。

38 呂不韋究竟下了多少賭注？

呂不韋下定決心後，立刻回去找他的父親，《戰國策》一書中，曾描述他們之間的談話，而流傳於後世。

傳說呂不韋先問他的父親道：

「如果我從事耕作，大約能獲得幾倍的利潤呢？」

他的父親回答說：

「……唔！大概有十倍吧！……」

「那麼，我販賣珠寶，又能得到多少呢？」

「……嗯！可以獲利百倍！……」

「假如我有辦法樹立一國之主，又會獲得怎樣的報酬呢？……」

「……唔！那是無法估計的！……」

不韋聽了就盤算著：

「……即使再努力地耕作，收穫也是有限的。若想一本萬利，甚至獲利更多，就要從樹立一國之主著手，而讓子子孫孫富貴榮華享受不盡……」

不韋主意已定，就把自己的計畫告訴父親：

「……周朝早就被秦國所滅；韓、魏兩國也都懾於秦的軍威；楚、趙則剛被秦國所敗；至於齊、燕二國，地處偏僻，而且內亂不絕，所以，目前最強大的國家該算是秦國，我已經決心把它整個買下來！……」

「這是行不通的！秦國實行法家路線，對我們這些貴族富商相當不利。……」

「就是因為這樣，我才打算破壞現有的體制，建立一個新的國家。……」

「你準備如何進行呢？……」

「據我判斷，被立為太子的安國君，很快就會繼承王位，然而，在他之後的繼位者，卻還未決定，如果設法把子楚送回國，並且幫助他成為太子，那麼，將來我們呂家的人就能掌握天下大權了。當然，這是一筆很大的賭注，但是假使獲得成功，儒家就能抬頭了……」

不韋想到美好的遠景，不覺伸手敲打著桌面。

接著，他突然降低聲調，問他的父親：

「目前，我們家一共有多少金子？……」

「……嗯！大概有一千斤吧！……」

「好！請您全部交給我。我準備對秦國的政治，投下一筆大賭注。……」

不韋拿到這筆資金以後，立刻去找子楚，開始爲他籌畫繼位的事。雖然，《史記》和《戰國策》中的記載，多少有些出入，但大致的情形如下：不韋把全部家財等分，一半給子楚做爲交際費，另一半則用來搜購珍奇的裝飾品，送到秦都咸陽，獻給安國君最寵愛的華陽夫人，以收買她的心。

39 這種對國政所下的賭注有無結果？

我們雖然不清楚，一千斤金子在當時所値幾何，但是，那既然是呂不韋全部的財產，而他是著名的富商，可見那一定是筆相當龐大的金額。

呂不韋拿出其中的一半，專門購買貴重的飾物，起先是託人輾轉獻給華陽夫人，得到夫人的歡心以後，再由他當面以甜言密語去打動夫人的心，我們可以想見，他會以如下的方式進行說服：

「……以容貌所獲得的寵信，實在不可靠。因爲，女人總有年老色衰的時候，您目前雖然備受安國君的寵愛，可是您沒有子嗣，將來難保不會喪失地位，所以您應該爲自己預留後路，趕緊在衆多的庶子當中，選定一個做爲日後的依靠。……」

接著，他又向華陽夫人强調，當時在趙都邯鄲做人質的子楚，如何聰明而得人望，而且子楚身在異邦，卻對夫人非常思念，如果能設法讓子楚回國，並且安排他成爲安國君的繼承人，那麼，夫人在秦國的地位，就可說是穩如泰山了。

呂不韋的計謀果然奏效，《史記》中有云：

「……乃因涕泣曰：妾幸得充後宮，不幸無子，願得子楚，立以爲適嗣，以託妾身。安國君許之……」

藉著呂不韋在暗中的活動，子楚終於回到秦都，並在不久以後成爲莊襄王。

呂不韋既然是大功臣，當然會受到優渥的待遇，而被封爲握有實權的相國，領有十萬戶的封邑，爵位是「文信侯」，他所下的賭注可說是贏了。

他是否從一開始，就有計畫地把懷有自己子嗣的舞姬，獻給未來的王位繼承人——

子楚，意圖控制前後兩代的政權？或者，他把愛妾讓給子楚，只是出於偶然？

根據我們的判斷，事情可能是這樣的——當子楚請求呂不韋割愛時，不韋最初的反應是非常生氣，可是，他畢竟是個精明的生意人，念頭一轉遂怒氣全消，反倒爲有厚利可圖而暗自欣喜。

因爲，當初他看見子楚的困境，認爲奇貨可居，而投下一筆大賭注時，目標只放在子楚一人身上，至於自己的子嗣，能靠移花接木的手法，被擁上王位則是他始料所不及的。

但是，在造物主的安排下，他竟然被那個孩子逼上了絕路！

40 始皇真的不是王室嫡裔嗎？

呂不韋在邯鄲居留期間，買了一名美貌善歌的舞姬，這名女子眞實姓名不詳，在後來的小說中，稱她爲趙姬或朱氏，在此，我們爲了敍述方便起見，暫且稱她爲趙姬。

傳說趙姬已懷有兩個月的身孕時，發生了下面的故事：

某天晚上，子楚應呂不韋之邀赴宴，等酒過三巡以後，子楚不禁爲自己的遭遇而慨嘆，正當他傾吐滿腹的牢騷時，美艷的趙姬出現了，他立刻爲她的美色所迷，再三請求呂不韋割愛，不韋則做出難以割捨的姿態，表示礙難從命，最後才十分不情願地把趙姬獻上，子楚自然感激不盡。

子楚好不容易才獲得佳人，當然對她百般地寵愛，半年以後，趙姬告訴子楚，她已懷有身孕，子楚由於不明就裡，一聽之下不禁大喜，滿心期待地盼著孩子誕生。

在超過預產期兩個月後，孩子出生了，這就是後來的秦始皇。後人有詩嘲諷如下：

新歡舊愛一朝移，花燭窮途得意時，
盡道王孫能奪國，誰知暗贈呂家兒！

關於這件事，《史記》中有如下的敍述：

「……呂不韋取邯鄲諸姬絕好善舞者與居，知有身，子楚從不韋飲，見而說之，因起爲壽請之，呂不韋怒，念業已破家爲子楚，欲以釣奇，乃遂獻其姬，姬自匿有身，至大期時生子政，子楚遂立姬爲夫人……」

但是，在母親懷孕十二個月以後才出生的嬴政，果眞如傳聞那般實際上是呂不韋的兒子嗎？

關於這個問題，誰也不能武斷地下結論。

從趙姬的職業來判斷，無可諱言的，她可能和子楚或某些人有染，但也不能斷然地排除嬴政是呂不韋之子的可能性。

由於在《史記》中，也透露了始皇出生的祕密，遂使後人越發大事的渲染。

在稗官野史中，一般來說，以《東周列國演義》對此事描寫得最逼眞，影響力也最大。

41 他究竟是誰的兒子？

嬴政後來成爲秦始皇，而在我國歷史上佔有相當的份量，然而，關於他的身世，卻引起許多爭論，小說家們認爲他的生父是呂不韋，甚至有部分史家也抱著這種看法。

事實上到目前爲止，也找不出什麼有力的證據來否定這種說法。始皇的生母是趙姬，這一點是無庸置疑的；至於他的生父，則成了一團謎。

根據《東周列國演義》所述，趙姬懷有兩個月身孕時嫁給子楚，過了八個月，眼看預產期已經到了，孩子卻還不落地，一直到第十二個月才分娩。

孩子遲了兩個月出生，的確有些不尋常。然而，這個呱呱墜地的男孩，日後成爲統御天下的帝王，他的出生異於常人，似乎也是理所當然的。

據說，他出生時有許多異象──「紅光滿室，百鳥飛翔……」；又嬰兒長得「隆準長目，方額重瞳、口中如有幾齒」而且，「啼聲洪亮，街頭得聞」。

嬴政生於昭襄王四十八年正月元旦，子楚喜獲麟兒，曾經高興地說：

「應運而生的統治者，據說出生時都有異兆，這個孩子長相非凡，又生於正月初一，將來必定能掌握天下的大權。……」

於是，子楚取趙姬的姓，把新生兒命名爲趙政。

（如皇帝系圖）

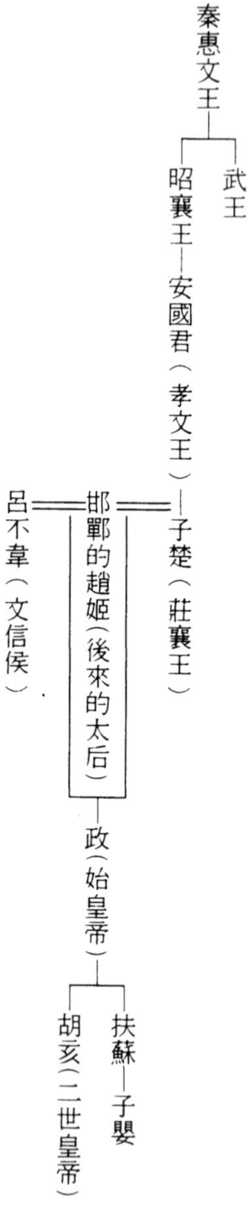

42 出生之謎

爲何始皇的出生，會引起種種傳說呢？有人推測，那些傳聞也許是呂不韋特意製造出來的。明學者王世貞認爲，呂不韋爲了延續自己的權勢與富貴，遂假稱他是秦王政的生父，並使這種說法迅速地傳開。

也有人作如下的揣測：

秦王政曾驅逐呂不韋家的食客，使那批人大爲不滿，就惡意地中傷，說嬴政是呂不韋的私生子。

前面幾種看法，都是以秦王政時已產生私生子的傳說為前提。但是，後來出現了一種解釋——那是在漢朝初年，呂后掌政期間，呂后的楚人，模倣戰國時代楚春申君的故事，所編造出來的。

根據《史記．春申君列傳》，春申君事楚考烈王，王無子，春申就為他四處訪求宜子之婦女，趙人李園帶著妹妹來到楚國，本想把妹妹獻給楚王，但聽說她沒有宜子之相，恐怕日久失寵，就轉獻給春申君，結果大受寵愛，還懷了身孕，李園覺得良機不可失，就唆使妹妹對春申君說：

「您目前雖然備受君王的寵信，擔任楚相二十幾年，可是，一旦改立君王，您的權位就難保了。如今我已有孕在身，但外人不知此事，如果您把我獻給君王，而我產下一子，那麼，您的後嗣將成為楚王，您不是可以高枕無憂了嗎？……」

春申君聽了深以為然，就照著她的話去做，不久，她果真生了個男孩，而被册封為王后。

然而，李園深恐春申君洩露這個祕密，一等楚考烈王去世，就派人刺殺了他。

這段故事，和有關始皇出生的傳說很相近，而且，呂不韋後來被始皇逼上絕路，和春申君的下場大同小異。也許由於這個原因，後人才會把兩個傳說連在一起。

至於這種說法產生的背景，根據推測，那是因爲呂后一族爲了替呂氏找個名份，以便掌握大權，因而仿效春申君的故事，替始皇編造身世。

漢高祖死後，外戚總攬權政，甚至想奪取帝位，而呂后的父親呂公，正巧是單父（山東單縣））地方的人。

單父一帶，在秦代是呂不韋的領地，所以，呂公很可能是呂不韋的人，即使不是血親，只要承認呂不韋是他們的先人，而始皇是不韋的兒子，呂氏一脈承繼大統，就算是名正言順了。

43 呂不韋有無政治手腕？

莊襄王在位三年就去世了，於是，年僅十三歲的秦王政，登上了歷史的舞臺。他爲了對呂不韋表示敬意，特別授予「相國」的職位——地位在丞相以上，一般很少設置；並且，尊稱他爲「仲父」（僅次於父親），如果他眞是秦王政的生父，那麼，這個稱呼簡直成了一種諷刺。

關於呂不韋和太后之間的姦情，被人們拿來大肆渲染，至於他本身究竟有無政治才幹，則被略而不提。

然而，他輔助、利用年幼的秦王政，設法使燕國把太子丹送到秦國做人質，而使趙國能安心地攻燕，趁機擴張在河間地區的勢力，這些事足以顯示他的手腕。所以，他躍登一人之下、萬人之上的相國寶座，也不是偶然的。

當時，在魏國有信陵君，楚國有春申君，趙國有平原君，齊國有孟嘗君，號稱四大公子，他們爭相禮聘才智之士，以厚植自己的勢力，而蔚成一種風氣。在另一方面，也由於戰國時代競爭激烈，各國都儘量網羅人才，以備不時之需。

呂不韋位居人臣之極，自然不甘示弱，根據《史記》所述：

「……不韋家僮萬人……」

家僮即供支使的人，可見不韋也是個大富豪。

呂不韋在政治投機上的成功，是靠著他充裕的財力以及賭徒一般的手腕，並且和企圖復權的奴隸所有者相當勾結所造成的結果。

但是，他還感到不滿足，而運用既有的權勢，多方延攬有才能的人，據說，他門下的食客多達三千。

他這樣做，可能不只是爲了和四大公子爭勝負，而是有更深一層的含意。

嬴政雖然繼承了王位，可是，他還是個十幾歲的孩子，如果想由他來號令天下，就必須有個强大的後盾。因此，呂不韋身負輔佐幼主的重任，基於責任感的驅使，不得不儘量網羅人才，來幫助秦國富强。

而且，那些食客並非全是游手好閒之輩，他們多半是別國的有志之士。在當時的社會中，招攬賓客是增加勢力最好的手段，在另一方面，賓客們投奔那些大人物，也是想在他們的庇護下，獲得進身的機會。

然而，呂不韋還進一步地利用他們的才智，從事文化方面的工作，那就是《呂氏春秋》的編纂。

44 《呂氏春秋》是當時的百科全書？

呂不韋命令門下的賓客，各自貢獻所學，而把資料搜集起來，編成了《八覽》、《六論》、《十二紀》等多達二十餘萬言的書。

他自認書中網羅了天地、萬物、古今之事，而命名爲《呂氏春秋》，等於一部百科全書，據說，書成於西元前二三九年。

呂不韋對此書引以爲傲，而在國都咸陽的市場中，把這本書公開，並且向來自各國的人士誇下海口：

「……誰能在書中增加或刪減一個字，我就給他千金的賞額！……」

由此可見，他對《呂氏春秋》一書，充滿了信心，覺得它足可爲傳世之作。

書中所記載的，大多是儒、道二家的言論，有些地方則出自《易經》，因此，可說搜集了先秦時興起的各家思想，而以孔子所謂的「興滅國、繼絕世、舉逸民」爲核心，意圖恢復舊有的制度。

《呂氏春秋》算是《春秋》的續篇，它雖然有主張恢復舊有的制度的意思，卻未明顯地鼓吹，甚至表面上，做出中庸的姿態。

當孔子編集《春秋》一書時，魯國的奴隸所有者勢力相當强大，所以，能夠公然地發表復權的理論；然而，到了呂不韋的時代，奴隸所有者的勢力迅速的衰退。尤其是在秦國，主政者採行法家路線，爲了避免公開地衝突，呂不韋遂採取折衷主義，他的目標是要變更這種支配秦國的體制。

有些學者指其折衷了儒、道二家的宇宙觀與人生觀，而排斥墨家的宗教思想。這是說，接受道家的清靜無爲，遵守儒家修身、齊家、治國、平天下的理論，採用夏朝的曆法，以德治爲準，重視詩、書二經，而反對墨家的非樂、非攻，以及法家的刑罰主義、名家的詭辯……。

但是，這種思想卻很難爲始皇所接受。因爲，呂不韋主張虛君制（君王應無知、無能、無爲，這是道家的觀點），並鼓吹儒家的禪讓說，而和始皇「傳繼子孫，萬世偉業」的想法相抵觸。

《呂氏春秋》所提出的政治綱領，可視爲對秦立國方針的挑戰，因此，始皇不得不對呂不韋加强警戒。

淫亂的後宮

——險惡的宮廷政爭

婦。

45 他的母親爲何被稱爲淫婦？

趙姬成爲子楚夫人以後，在節操方面似乎不值得信賴，後世的史家大多把她視爲淫婦。

《史記・呂不韋列傳》有云：

「……秦王年少，太后時時竊私通呂不韋……」

至於此處所提的太后，究竟是指誰？世人的看法可分爲兩派——

有部分人士認爲，應該是指夏太后。

子楚成爲莊襄王以後，尊生母夏姬爲夏太后，而封華陽夫人爲華陽太后。

因此夏太后即指夏姬。

另一種說法，則認爲太后是指始皇的生母趙姬。

我們先說夏太后，她在始皇即位的第七年去世，並沒有留下任何品行不端的紀錄。

至於始皇的生母趙姬，則被公認和後面所提到的嫪毒有淫亂的行爲，所以，呂不韋私通的對象，很可能就是這位太后（趙姬），對他倆來說，這只是舊情復燃而已。

我們看《史記》可以發現，在提到夏太后的場合，都明確地寫出她的姓，但是有關通姦的記載，則只寫太后二字。

從另一方面來說，年華已逝的夏太后，對呂不韋的吸引力當然不如還在盛年的趙姬。而且，呂不韋當初經過仔細地盤算，基於有厚利可圖，才忍痛把愛妾獻給子楚，他倆之間恩情猶在，遇有機會，自然有復燃的可能。

此外，由於趙姬的品行不值得信賴，要想判斷究竟誰是孩子的生父，更是難上加難。

對始皇來說，他的生母只是曾經嫁給呂不韋這位富商，然而她本身素有淫名，遂使得始皇的生父成了一團謎。

我們可以再進一步推敲。

呂不韋是始皇生父的說法，是根據《史記》的記載，但是值得注意的是：成書的年代比《史記》更早的《戰國策》，卻根本未提此事。因此有一部分學者認爲，《史記》的記載出於虛構。

明代的學者湯聘尹就主張是「戰國好事者作之」，而否定了那種說法。

46 太后的穢史

嬴政即位以後，被呂不韋獻給子楚的趙姬，遂順理成章地當上了太后，昔日的舞姬，頓時身價不同凡響。

對太后而言，呂不韋是舊日的主人，如今則成了私通的對象，甚至在秦王政成人以後，他們之間的姦情還是一直持續著。

呂不韋是個深謀遠慮的人，他擔心自己和太后的姦情，一旦被秦王政查知，將對自己不利，就把嫪毒找出來，設法使太后轉移目標。同時，太后本身過人的精力，也讓呂不韋有點招架不住了。

呂不韋知道，一個平常的男子絕對無法滿足太后的慾求，根據《史記》的敘述，他在暗地裡尋找「大陰人」，並且探聽太后的意向。

首先，在呂不韋所設的酒宴中，以助興爲名，讓嫪毒做一些色情的事，套著小車輪行走，並配合猥褻的歌詞，轉動著車輪，太后聽到此事以後，果然向呂不韋表示，希望得到嫪毒，不韋就向太后獻計：

「我們應該讓外界以爲，嫪毐曾被處以宮刑……」

於是，令嫪毐剃去鬚眉，假扮成宦官，以便接近太后。

因爲，凡是受過去勢之刑的人，鬍鬚和眉毛不是變得很稀薄，就是根本沒有了。相傳在三國時代，吳匡爲了除去閹黨，曾經舉兵攻入宮中，看見無鬚眉者，不分青紅皂白一律格殺，有少數官員爲此冤枉被殺。

呂不韋的計畫，很順利地進行著，太后和嫪毐果眞魚水相諧，甚至暗結珠胎，太后爲了掩人耳目，就遷移到雍居住，雍是秦遷都咸陽前的舊都，所以在那兒還留有宮殿，嫪毐就伴著太后前往。

根據《史記》的記載：

「……嫪毐常從，賞賜甚厚，事皆決於嫪毐，嫪毐家僮數千人，諸客求宦，爲嫪毒舍人千餘人……」

嫪毐與太后發生姦情以後，地位扶搖直上，獲得極大的權勢。至於他的出身，並無明確的資料，《史記》上只說，呂不韋四處尋訪，發現他是個「大陰人」，就推薦給太后，以滿足太后過人的慾求，並爲自己減輕罪嫌。

然而，我們根據嫪毒的行爲判斷，他可能原是個市井無賴之徒。

47 母親的放蕩對其心理有無影響？

我們雖然不大清楚太后何時移居到雍，但是依據種種資料顯示，在始皇九年以前，太后曾產下二子，我們由此推測，那應該是始皇二十歲左右的事。

始皇當時已是個青年，他對母親放蕩的行爲，可曾有耳聞？

依照常理判斷，必定有人向他通風報信，可是，這位年輕的君王故意視而不見，以等待最有利的時機。

但是我們可以想像得出，母親做出這種不名譽的事，必然帶給他很大的困擾。他不但要容忍母親的淫亂，還要給予和母親通姦的呂不韋額外的恩賜與權力，這對他是何等的難堪。在他親政以前，呂不韋掌握著實權，當始皇發現，和自己最親近的人反而最不可靠，心理上所受的打擊一定不小。這種切身之痛，對始皇日後異常的性格有著强烈的影響。

經由後述的過程，嫪毐被處以車裂刑，族人也受到嚴厲的處罰。

始皇把太后的兩個私生子一併殺死，並且把太后移到雍的咸陽宮。始皇一意報復，並事先警告臣下：

「我對太后作這樣的處置，如果有人膽敢進諫，一律格殺。……」

雖然如此，還是有二十七個人冒死直諫，始皇果眞把他們全部誅殺，但是，太后終究還是被迎回咸陽。事情的經過大致如下：

有個名叫茅蕉的齊國人，請求晉見始皇（當時還是秦王），近侍就向始皇通報，得到的答覆是：

「……難道你沒看見闕下堆積的屍體嗎？這就是進諫的後果，你快叫那人回去吧！……」

但是，茅蕉堅請謁見，獲得批准以後，他就大膽地進言：

「您曾把嫪毐處以車裂之刑，這是由於您心存妒恨，如此做也是無可厚非的。可是，捕殺兩個弟弟就難免遭人非議了。至於把太后移入咸陽宮，則使您背上不孝的罪名。您又誅殺那些勸阻的人，這種行爲簡直與桀紂無異。如果天下人知道了這些事情，民心一定不再擁戴您，秦就無法統一天下了！……」

這番話打動了秦王的心，他就親自赴雍，把太后迎回國都咸陽，並且，以茅蕉爲太后之傅。

在完成大一統以前，秦王政還有聽人勸告的度量，只要對方的話能令他心服，即使他怒火中燒，也會盡力地抑制住。這一點和他晚年的行徑有很大的差別。

48 嫪毐失勢的經過

西元前二三八年，秦王政已經二十二歲了，這一年的五月，在雍城（陝西省鳳翔）的蘄年宮，到處張燈結綵，人們來來去去地忙碌著，原來秦王政要行冠禮了。

雍城在渭河的北岸，和咸陽大約相距百里，那兒是秦的古都，王室常在蘄年宮舉行重大的儀式。

行冠禮那天，秦王政面帶微笑地接見百官以及道賀的各國使節，但他還是無法掩飾內心的緊張。那些官員都和他一樣面露喜色；然而，呂不韋那一夥人則面有愁容，因爲政權一旦轉手，他們所享受的特權，就要被剝奪了。

樂聲傳入呂不韋耳中，他更是如坐針氈，他無法眼睜睜地看著掌握已久的政權，被交回幼主的手中，於是他悄悄地離開衆人，到蘄年宮的後院清靜一下。

嫪毒叛亂被秦王鎮壓的事件，就發生在這個時候。嫪毒耽溺於與太后的姦情，甚至有了兩個私生子，他還想隱瞞此事，並設法讓自己的子嗣，成爲王位的繼承人，但是，事情的來龍去脈早就被秦王調查得一清二楚了。

典禮即將開始，正殿的兩側懸掛著五彩的旗幟，樂師們演奏著「鈞天樂」，秦王政頭戴王冠，身佩曾祖父昭襄王所傳下來的寶劍，南面而坐，接受百官的恭賀，就在這時，門口的侍衛大聲地傳報：

「……長史李斯到……」

餘音未了，李斯已喘著氣上殿稟報：

「……嫪毐在咸陽盜用太后和陛下的國璽，徵調了十萬兵馬，如今已向蘄年宮攻來了……」

李斯經由密探的報告，知道了這個消息，就急著趕來通報，秦王政聽了卻面不改色，從容地坐在寶座上發號施令：

「……昌文君、昌平君兩位丞相，各自率領十萬人馬應敵，昌文君在離雍城二十里處埋伏，昌平君則從叛軍的背後攻擊……，李長史則待在此地聽信差遣……」

這次的叛亂被鎮壓以後，嫪毐被處以車裂刑，他的族人以及太后所生的兩個兒子也被處刑；至於當時在咸陽的太后則被迫移居到雍，後來，靠著齊人茅蕉的進諫，才得到赦免，而被迎回咸陽；此外，號稱有四千的嫪毐家臣，則被流放到蜀地。

於是，原先在朝中不可一世的嫪毐，就這樣銷聲匿迹了。

49 太后和嫪毐的叛變有無牽連？

世人對秦後宮的淫亂，有各種說辭，很難分辨其眞僞。

某些人認爲，有關太后和呂不韋通姦的傳說，是因爲嫪毐的勢力逐漸抬頭，甚至可與呂不韋分庭抗禮，爲了打擊這個强有力的對手，嫪毐就故意放出風聲，說太后和呂不韋有染。

另有一批人則認爲：關於太后和嫪毐有姦情的說法，是由於嫪毐的勢力日漸茁壯，使得呂不韋難以招架，所以，不韋派人放出謠言，想藉此來打擊。

總之，當時有關秦後宮淫亂的謠傳，眞是層出不窮。

在激烈的權力爭鬥中，嫪毐的叛亂事件，可說是還未掌握實權的秦王政，以行冠禮爲絕好的機會所發動的反政變。也就是說，秦王政以嫪毐叛亂爲藉口，爲自己奪回了政權。

然而，秦王政的生母（即太后），在這些爭權的事件中，究竟處於何種地位？她和嫪毒的叛亂，有多少瓜葛？

根據種種資料顯示：當叛變發生時，她身在咸陽，等事變被平定以後，才被移到雍城。

其次，在變亂發生的次年，秦王政接納茅蕉的諫言，親自把她迎回咸陽，使得她非常高興。據說她當時曾道：

「……秦國能保持和平，我能恢復自由身，都是茅蕉的功勞。……」

可見她從事發以來，一直處於恐懼的狀態，得到赦免以後，才鬆了一口氣。

她和嫪毒所生的兩個孩子，都被秦王政殺死了，這件事給予她的感受，我們無從得知。其實，她並不想有這兩個孩子，可是既然生了下來，只好設法安置他們。照她的想法，與其讓無辜的孩子被扯進複雜的政治爭鬥中，不如讓他們沒沒無聞地過一生。

她可說是個道地的淫婦，彷彿她命中註定要成爲這一類型的女人，因爲她曾是邯鄲的舞姬。

昔日，她是一個被玩弄的對象，當她懷孕時，被當作一項工具而獻給權力者，等她地位躍升以後，就反過來把男性當成玩物。所以，對她來說，嫪毒只是供她發洩的對象，相當於男妾。她所希求的，不是叛變以奪權，而是閨房中的魚水之樂。

50 呂不韋的權勢維持了多久？

雖然沒有明確的證據可以證明呂不韋和嫪毐的叛亂有關，但是，秦王政經過調查後，知道在行冠禮那天，呂不韋坐立不安的情形，加上密探們所提出的報告使秦王政相信，呂不韋和叛變有直接的關連。然而呂不韋是莊襄王（子楚）以來的舊臣，基於這種關係，使秦王政猶豫不決。根據《史記》的敍述：

「……王欲誅相國，爲其奉先王功大，及賓客辯士爲游說者衆，王不忍致法。……」

於是，在事變的次年，呂不韋被削去相國的職位，退隱於他的封地——河南洛陽。

洛陽是各國間交通的樞紐，呂不韋蟄居其間，對於政治上的失敗並不甘心。他在表面上裝成不問世事的樣子，卻在暗地裡和奴隸主等舊勢力相勾結，並派遣心腹到各諸侯國游說，他在政治上的影響力可說並未衰退。在他家門前，賓客和各國的使節仍然絡繹不絕。

秦王政發現這種情形，將他視爲心腹大患，就派人送了一封親筆信給呂不韋，信上寫著：

「君何功於秦？秦封君河南，食十萬戶，君何親於秦？號稱仲父，其與家屬徙處蜀……」

在這封信中，秦王政對不韋的憎恨，可說已表露無遺。不韋以往的功績，似乎都被淹沒了。

不韋接獲此信，不難想見秦王政的憤恨是何等的强烈。

他心裡有數，流徙到蜀地以後，即使能苟延殘喘於一時，終究是死路一條，於是把心一橫，飲毒自盡了。

他的靈柩在數千賓客和徒黨的護送下，葬於洛陽的北邙山。

然而，秦王政並未就此罷手，他下令將參加葬禮者一律處罰，如果是別國的人，就予以驅逐出境；若是本國人而俸祿六百石以上者，則削去官職，流放到房陵（漢中）；俸祿在五百石以下者則保留原職，判以流徙之罪。

這是秦王政即位第十二年的事，也就是嫪毐叛亂後第三年，秦廷的禍根至此完全剷除。

此一變革成爲秦興亡的轉捩點，從此以後，秦王政掌握了政治實權，逐步推行統一的大業，終於成爲始皇帝。

51 他和異性的關係如何？

在我國歷史上，貴爲帝王而擁有後宮佳麗三千是極爲平常的事。如果恣意而爲，久而久之，就會使左右逢源、應接不暇的那份喜悅變成煩惱。因爲，一年中要臨幸三千人，平均每天就要和七、八位宮妾在一起，即使只有一半，也要付出相當大的精力，所以，除休非帝王能節制欲望，否則勢必經常服用強精的藥，甚至求助於一些效能可疑的仙丹。

漢武帝和隋煬帝的縱慾是相當著名的。他們到了晚年發現精力逐漸衰退，不禁大爲焦急，只有依賴仙術、仙丹來享受剩餘的歲月。

我們可由資料中看出，始皇也是個藥不離身的人。

當初，他能從刺客荊軻的刀刃下逃生，就是因爲侍醫夏無且在危急的時候，把藥囊擲向荊軻，才使他揀回了一條命。

然而，始皇服用的藥和其他帝王爲了儘量發洩性欲而食用的强精藥不同。他自幼體質欠佳，因此簡直一刻都無法離開藥罐。

此外，他在十三歲就繼承王位，二十二歲那年行冠禮，隨後掌有政治實權，自此步步地向大一統邁進，在他青、壯年時期，可說每天忙於征戰、建設，等到他完成統一大業後，登峯造極的滿足感使他對生命的短暫產生恐懼，於是他派人四出尋訪長生不老的仙藥。這也是人之常情，所獲得的成就越高，越捨不得離開這世界。

在古代的帝王中，始皇未曾留下縱慾過度的醜聞，可算是個例外。然而，後人對他印象惡劣，刻意把他描繪成暴君的嘴臉，遂產生一些穿鑿附會的傳說，其中之一就是有關孟姜女的故事。

據說，孟姜女的丈夫被徵去修築萬里長城，她跋涉千里去探視夫君，才曉得丈夫已經去世了；這個哀怨的故事，被歷代的好事者添枝加葉甚至編成歌謠，而對始皇相當不利。因此，隨著歲月的消逝，在後人的心目中，始皇是個暴君的印象可說已根深蒂固。

在早期的傳說中，只敍述孟姜女獨守空閨的幽怨，後來則牽連到秦始皇，而對他多方地攻擊——始皇在無意間看見孟姜女，驚於她的美貌，執意要將她納入後宮，可是孟姜女不從，她把始皇痛罵了一番，然後投河自盡。相傳她罵始皇道：

「……你這無道的昏君，簡直沒有半點人性，被酒色沖昏了頭，已和禽獸無異……」

除了這些捏造出來的故事以外，還傳說始皇擁有後宮佳麗萬餘，其正確性實在有待商榷。

52 他縱慾的程度不如隋煬帝嗎？

如前所述，許多帝王朝夕耽溺於淫樂，以致不得不求助於強身的仙藥、回春藥，始皇則似乎沒有這種情形。

始皇講究氣派，所以，咸陽的宮殿非常壯麗，據說其中宮女數千，但是並未傳出大內淫穢的風聲，彷彿君王頗能克制。關於這一點，可能會使喜歡談宮廷祕史的人失望。始皇雖然被多方地謾罵，並揹上許多莫須有的罪名，可是在性生活方面，卻很少有淫亂的傳聞，所以他不必像隋煬帝那樣，由於縱慾過度而求助於強身劑和媚藥。

事實上，無論是何種藥物，如果長期服用來促進精力，日子一久都會失去效力。因此，一向依賴强身劑在脂粉堆中打滾的隋煬帝，終於因爲體力大量虧損，而在三十八歲的壯年撒手西去。

據說，煬帝派幽州總督元宏嗣，率領三十萬大軍征伐高麗（朝鮮），就是想得到以强身著名的「高麗人參」。

當時，煬帝身在揚州的行宮，成天縱情於酒色，已經感到疲乏，於是他下令建造一座華麗的宮殿，命名爲「迷樓」，內中別有洞天。

在金碧輝煌的宮殿中，有無數的房間，各條通道迂迴曲折，置身其間很容易就會迷路，據說這幢建築物出於修建寢殿的名匠項昇之手。

煬帝擁有龐大的後宮，其中包括吳鋒仙、袁寶兒、朱貴兒等美女，以及選自各地的宮女，她們大多只有十二、三歲，容貌當然都很秀麗。

「迷樓」中的各個寢室分別被命以引人遐想的名稱，例如：「散春愁」、「夜酣香」……，牆上還有許多春宮畫，於是，「迷樓」成了令人銷魂的艷窟，帝王在其中淫蕩的行徑，成爲好事者描繪的最佳題材。

即使是萬乘之尊的帝王，如果朝夕耽溺於女色，也會感到力不從心，因此煬帝有時把自己關在文思殿中，服用方士們呈獻的回春藥以養精蓄銳，這種藥可能是以人參製成，並以液體的黃金煉成金丹，裡面含有暫發性的興奮劑。

煬帝休養一段時間以後，自覺體力已經恢復，就不顧大臣們的諫阻，再度進入「迷樓」，又墮入淫慾的深淵，如此週而復始，他的精力終於無法負荷，以致年未四十即油盡燈枯。

始皇和煬帝相比，可說是相當節慾。

萬里長城與秦始皇

——為何修築這道宏偉的國防線？

53 何時開始修建萬里長城？

「萬里長城」的修築，堪稱世界最龐大的土木工程，它是在始皇的權威下，每年投入數十萬的人力，並經過相當的歲月才完成的。

事實上，「萬里長城」的前身早在春秋時代就已存在，不過當時並沒有「長城」這個名稱，只是用來防禦的城牆而已。到了戰國時代，圍牆一方面被當作疆土的界線，一方面用以防備敵人的入侵，而有了「長城」一詞。

據說，最早興建長城的國家是位於山東的齊國，依照後人的推測，那道長城大概從平陰縣開始，通過泰山山麓，一直到高密縣附近。

其次，楚國的長城起自河南的魯山一帶，綿延到湖北境內；又魏國所修築者，根據《史記．六國年表》的記載：

「魏惠王築長城，塞固陽。」

因此，那道長城應該在陝西省境內。

此外趙國的長城，則從山西到河北、陝西一帶；至於燕國的長城，則分佈於河北及東北地方的南部。

當時的長城和日後所修築者相比，位置似乎更偏北。在《史記・匈奴列傳》中，有燕、趙、秦在北疆興建長城的紀錄。

美國的史學家認爲長城位置偏北的理由，和趙國的國情有密切的關係——趙並非以農立國的國家，在趙武靈王時（西元前三二五—二九八年在位），令國民著胡服學習騎射，以防備異族的入侵。就因爲趙是農耕、遊牧並重的國家，基於生存上的需要，遂把國防線置於比後世便偏北的地方。

到了漢朝，長城更是綿長，一直達到敦煌以西的玉門關。至於長城向南方移動，變更到現在的位置，則是西元六世紀時的事。那是北齊和隋朝，爲了防備契丹、突厥的入侵所興築的。但是我們今日所見規模宏偉的長城，則是明代才修建的。

54 爲何修築萬里長城？

在秦漢時代，匈奴始終是不容忽視的强敵。

匈奴本是在北方蒙古高原上過著游牧生活的種族，他們各個部落經過統合，又受到西方塞西亞（Scythia）民族强烈的影響，遂成爲勇猛善戰的種族，而逐步地擴張勢力。他們在戰國時代的末期，向陰山山脈南麓進軍。關於這一點，我們可由分佈於那一帶的綏遠青銅器中，看出塞西亞文化的影響力。

然而，匈奴勢力的南進，無可避免地會和漢民族的勢力發生衝突，其中以秦、趙、燕等國所受的威脅最大，因此，那些國家勢必處心積慮地防備胡人的入侵。趙國當武靈王在位時，就是基於這種需要，於是模仿匈奴的習俗，令兵士穿著長袖、長褲的胡服，勤練騎射以禦外侮。

在此我們要附帶說明一點：當初可能是以匈奴爲主的北方民族，把馬匹傳入漢人領域的。在被掘出的新石器時代遺址中，有馬骨出現，可見當時已有販賣馬匹的情形。至於西元前二一四年，始皇派蒙恬率領三十萬大軍伐匈奴，據說是由於下面的理由——當始皇巡行北部邊疆時，在秦統治下的燕國，有位盧生曾把卜卦的結果上奏，那就是「亡秦者胡」的預言。

蒙恬是曾攻略齊地，擁有輝煌戰功的名將，他的祖父蒙驁、父親蒙武也是秦國著名的將領。

蒙恬奉命征討匈奴後，把胡人趕出了鄂爾多斯地區，再由內地移民，以鞏固邊防。

他爲了謀邊境的長泰久安，遂修築西起臨洮（甘肅省岷縣）、東到遼東（遼寧省遼陽市），長達四千公里的長城。

然而，蒙恬所興建的長城並非首創，而是把先秦時代各國陸續修建者連接起來。儘管如此，聯絡的工作也並不容易，這仍是一項浩大的工程。

55 何以提起長城即聯想到始皇？

萬里長城既然不是始皇開始興建的，爲何後人總是把二者連在一起呢？長城原是被秦所滅的各國長年修築而成的，始皇只是把它們連起來而已，但是在一般人的觀念裡，長城似乎是由始皇一手建築而成的。

始皇修築長城，是他即位後第三十三年的事，也就是統一天下後，派蒙恬經略北方那年。他爲了防備胡人的侵犯，以强迫的方式，興築歷史上最龐大的土木工程。

秦代的長城，是由東北的遼陽附近經過熱河的赤峯一帶，繞到黃河大彎的外側，再沿著北流的黃河西側南下，這道長城北邊的部分是原來就有的。

我們在前面說過，現有的長城是明代所興建的，至於始皇時代修築的長城，則在更遙遠的北方。

無論如何，「萬里長城」的興築，是出於始皇個人的構想，所以二者具有不可分離的關係。

其次，「萬里長城」東起遼東、西至臨洮，工程的規模十分可觀，雖然可以利用既有的部分，但是，能以短短四、五年的時間完工，也不是件容易的事。

秦長城是在始皇三十三年動工，而始皇在三十七年去世，蒙恬則死得更早。如果說，蒙恬依據舊有的長城，逐次進行修築的工作，不可能在短期內完成那樣龐大的工程。因此按照推測，工程可能是在各地同時施行，而由蒙恬擔任總監督。經由這種方式，遂使雄偉的「巨龍」彷彿突然地出現，這就是世人認爲長城是始皇所創造的原因。

但是，當初爲了防備匈奴的入侵，保障中原的安寧而企劃修築綿延的國防線，即使修建萬里長城的功勞被始皇所獨佔也並不爲過。

當時，抵禦外侮最有利的武器只有弓箭而已，因此，城牆可說是最牢靠的防禦物。經由始皇的構想，產生蜿蜒萬里的長城，對當時的國防的確有相當大的貢獻。

56 萬里長城如今已無用了嗎？

長城經過歷代的改造、增修，位置不斷地變動，明人所修築的長城，它所在的位置，比前代的長城往南推進了許多。

當初爲了這項龐大的工程，不知動員了多少人力、財力，有人難免會懷疑——眞有必要這樣做嗎？前代的帝王當然不是爲了一時興起而築起那道長龍。實在是由於國防上的需要，才會大興土木。我們可以想見，長城在那個時代的確有其不可磨滅的價值。

然而，隨著世事的變遷，長城已失去了防衛的作用，雖然它仍盤踞在北疆，卻只是一條無用的長龍。

歷史並不只是在敍述改朝換代的滄桑，而是告訴我們過去和現在有何種關鍵。基於這一層意義，我們可以把萬里長城視爲我國悠久文化的象徵。

57 長城實際的長度有多少？

萬里長城東起河北省臨楡縣的山海關，經過北平、大同，越過往南流的黃河朝西南方推進，抵達陝西省的北端，再渡過黃河，從銀川北方迂迴曲折地前進，最後到達甘肅省的嘉峪關。

如果以經緯度來表示它的位置，則是從北緯四〇度二分、東經一一九度四四分，到北緯三九度五〇分、東經九八度一九分。

然而，它的長度究竟是多少，就難以估計了。這是因爲它適應山河的地形，曲折得相當厲害，而且沿途有好幾處被迫中斷。

更麻煩的是，現存的長城除了主壁以外，還有四道支壁，因此想測出它確實的長度更是難上加難。

根據現有的資料，主壁從密雲西方開始分歧，經過居庸關、紫荊關、倒馬關，沿著恆山山脈直到平荊關、雁門關，這就是所謂的「內長城」。

另一道支壁則從平荊關分出，南下形成河北、山西二省的邊境；還有一道支壁是從涼州以東的土門，通過永登、蘭州、靖遠，形成環狀。最後一道支壁則是經由蘭州、臨洮、寧夏，包含青海省的西寧，直到土門，也是一條環狀線。

根據克列伯（Clapp. F. G.）氏的統計，把主壁和所有的支壁合併計算，一共有五千六百五十公里。

此外，傑爾（Geil. W. E）氏推算的結果，卻只有四千公里。這兩位學者所列舉的數字差距相當大，然而依照我們的判斷，克列伯氏的說法可能比較接近事實。

五千六百五十公里的長度，的確非常可觀，如果換算成華里，則里數超過了一萬，所以這道長龍被稱為「萬里長城」。

58 長城是用何種材料築成的？

使用黃土興建城垣，是漢民族最拿手的工作，這項技術也被應用到長城的修築上。當然，所運用的材料不只是黃土而已。

前人稱這種方法爲「版築法」——按照一定的間隔，把木料堆積起來，而在中間塞以土壤，然後，依照既定的層次，逐漸向上方及兩側伸展。

在華北及內蒙古一帶遍佈著黃土，等土壤乾了以後會變得非常堅硬，所以，華北的農民就以黃土做爲現成的建築材料。他們先把潮濕的土壤塞入版模中，等土凝固後再把版模拿開，經過曝曬，就形成了天然的磚瓦。在北平北方的長城就是使用這種磚，根據估計，每塊的重量大約自四十磅到六十磅不等。

但是，曬乾的磚瓦會隨著歲月的消逝重又成爲土壤，所以必須經過火燒的程序，這樣製造出來的磚瓦，比單靠曝曬者耐用，遂被用以覆蓋在長城的外側。

然而，這種技術直到十六世紀的明代才被採用。在此以前所修建的長城，依照我們的想像，大概只是用成束的柳枝、葦草混上泥土，再把他們堆疊起來。秦代的長城可能也是屬於此類。

現存的長城，高度從五—十公尺不等，寬度則有五—八公尺，據說有好幾處已經崩毀，一般來說，東側的長城建築得比較牢固。

遺留到現在的——也就是明代修築的長城，以山海關爲起點，那一段修建得非常壯麗。

此外，還有幾處値得一提，例如：遵化西北的蓮花池一帶、廣昌東方的浮圖峪附近、八達嶺一帶……長城的這幾段，都是用巨石和長方形的磚瓦修築而成的，看來十分宏偉，也可以想見這幾處必定是國防要地。

前面提到的那幾段長城，由底部到六公尺的高度都是用花崗石砌成的，上面再以長約十公分的灰色磚瓦疊起來，顯得非常壯觀。

長城的西段一直到甘肅省的嘉峪關，然後，以垂直的方式到北太河畔爲止。

據說，如果以興建萬里長城所用的磚瓦、石頭，築起一道高二點五公尺、寬一公尺的長堤，足夠環繞地球一週。這種說法或許稍嫌誇大，可是，長城規模的宏偉則是有口皆碑的。

59 長城是世界最大的土木工程

在我國古代，黃土地區的居民是漢人，他們逐漸地發展農耕；在另一方面，以蒙古人爲代表的遊牧民族，則居住於蒙古高原上，他們不習慣定居的耕種生涯。

在北方的高原地帶，不僅有蒙古人，歷代還出現了許多遊牧民族，對中原地區形成威脅。

戰國時代（西元前四〇〇年—二二一年）的末期，蒙古高原上有三個强大的民族生存著——東邊是東胡族，西邊是月氏，居於中間的是匈奴族。

這些民族很早就過著遊牧的生活，後來受到西方塞西亞民族强烈的影響，民衆都擅於騎射，而能逐步地擴展勢力。

由於他們的生活方式和漢人有很大的差異，遂被冠以蠻、夷、戎、狄等名稱。

在三者之中，匈奴的力量最爲强大。他們最初的根據地可能是貝加爾湖以南的草原地帶，但是到了戰國末期，他們的勢力已伸展到陰山山脈以南。

當中原地區的漢民族逐漸向北方發展時，匈奴族的勢力卻向南方推進，於是，二者無可避免地發生了衝突。

蒙古高原以南，是屬於經營農耕的漢族領土。

但是，要想明確地劃分遊牧與農耕地區的界線，並不是件容易的事。因爲有些地帶是二者兼營的。

所以我們只能概略地說，某些地方比較適合耕種，某些地區則宜於畜牧。至於二者交接的地帶，儘管範圍寬窄不定，但是，大多任由農耕、遊牧民族混居。

據說，在我國北部的邊疆，曾有這種過渡地區存在，由東到西綿延萬里的長城，就是位於那個地帶。

我們翻閱西洋史，可以發現在古希臘的伯里克里斯時代（距今大約二千四百年），曾經修築過長達十公里的城牆，泰戈爾曾批評說：

「這道長城，象徵著希臘式的文明生活，以及個人主義的傾向！……」

那座長城的規模和我國的萬里長城，當然無法相比。

此外，歐亞兩洲其他的國家，在領土的邊境修建長距離的防禦工事，也是極爲平常的，只不過它們和萬里長城比起來，是小巫見大巫罷了。

60 萬里長城的幾處勝景

如果想對綿延如蛇，在山嶺間迂迴前進的長城有個概念，最好在八達嶺觀賞那一帶長城的風光。

前往八達嶺，通常是從北平搭車到張家口，坐火車大約要三小時，然後在青龍橋下車。

沿途有所謂的「三關絕景」，也就是指南口、居庸關、上關，這三處是古代的軍事要塞，兵家的看法是——萬一八達嶺被攻破，就守衛上關；要是上關再失陷，就堅守居庸關；假如居庸關也不保，就死守南口；一旦南口也支撐不住，北京就要淪陷了。可見三關在國防上佔有相當重要的地位。

從南口到青龍橋的通路彎曲得特別厲害，途中設有東園、居庸關、三堡等三個小站。

在山頂上，還分佈著用磚瓦築起的烽火臺。據說在秦漢時代，基於防衛上的需要，而在南口和八達嶺之間設置了許多烽火臺和堡壘，但是如今我們所看見的，則是明代遺留下來的。

從東園出發以後，鐵路變成弓形，隨後，在左前方出現一連串金字塔形的山，隨著火車的行駛，山越來越迫近，而展開所謂的「三關絕景」。有人曾描述道：

「……白雲徂徠於奇峯怪巖上，那一帶缺乏樹木，只有一些楊柳、榆樹、梨柿……點綴其間，對面的山腹地帶有成羣的山羊倘徉，風光如畫……俯視峽底，可見潺潺的澗水沖激著石塊……其間荒城、殘堡相接，壯觀中透著一股淒涼的意味！……」

參觀萬里長城的人，都是在青龍橋下車，車站的西南方有座詹天佑的銅像，他對這條鐵道的修築有相當大的貢獻，後來在交通部擔任技監以及漢粵川鐵路的督辦。

銅像於民國十一年四月二十一日揭幕，當時還曾經邀請國內外和鐵道有關的人士觀禮。

61　民衆的不滿表現在歌謠中

流傳下來歌詠萬里長城的民謠相當多，而且，大多是敍述哀怨的故事，而以始皇爲詛咒的對象。

我們可從下面的例子中，窺見一端：

秦始皇築長城，城壁低通路狹，
雖防韃靼的侵入，但後來可憐的婦人，
千里遙訪夫君，望城牆而哭泣，
高喊一聲老天爺，流下哀怨的眼淚，
長城一角遂崩落。

歌謠中所提到的婦人，是指傳說中的有關長城的悲劇女主角——孟姜女。她爲了替擔任勞役的丈夫送冬衣，千里迢迢地來到工地，然而她的丈夫卻已去世了，她就連哭了三天三夜，眞情感動了上天，使得城壁都因此而崩毀，這段民間故事是相當膾炙人口的。

此外，歌詠孟姜女的民謠還有很多，有一首〈孟姜女十二月歌〉，唱出了她一年中哀怨的情形，茲敍述其大意如下：

一月：元旦一過春天到來，別家的男人去喝酒，我的丈夫卻被拉去築城。

二月：二月和風暖，燕子雙宿雙飛，夫婦共處多令人羨慕。

三月：三月桃花紅，別人一家掃墓去，我家的祖墳有誰來祭掃？

四月：四月養蠶忙，竹籠掛在桑枝上，摘上一枚桑葉，悄悄地拭去淚水。

五月：五月的雨催人流淚，別家種田忙，我家的田裡卻長滿雜草。

六月：六月酷暑難成眠，蚊子叮得人心煩，咬我倒也罷了，只希望牠們別去叮丈夫！

七月：七月裡颳起了秋風，別人在窗前忙著縫冬衣，我家的衣櫃卻空著。

八月：八月雁飛來，縱能託雁傳書信，丈夫的冬衣卻不知如何送去！

九月：九月菊花開，重陽到來，菊花酒雖芳香，我卻不願獨飲。
十月：十月收成賣米穀，該繳納年貢時，貧困的我卻一籌莫展地哭泣。
十一月：十一月降大雪，想送棉衣給丈夫，不知長城多寒冷。
十二月：歲暮已到，別家烹羊宰豬，我家則空無一物。
後人遂以「鬼哭啾啾」來形容參與勞役者的痛苦。隨著歲月的消逝，由於民謠的傳播，在人們的印象中遂認定始皇是個沒有人性的暴君。

62 對苦役不滿而產生的民間故事

有個「水推長城」的傳說，是敍述十個具有超人能力的兄弟和始皇對抗的故事。當時，民衆為了修築長城而備受苦役的折磨，遂把內心的積怨藉著那十個兄弟發洩出來。

這個故事的內容還因地而異，在浙江一帶，只有六個兄弟；在山東境內，則說成七個兄弟；到了雲南地方，又成了九個兄弟；但是，通常是以十個超人兄弟為主角，敍述他們在修築長城時和始皇作對的故事。

下面我們就概略地介紹這個傳說——

據說，老大是順風耳，老二是千里眼，老三具有神力，老四的頭堅硬如鐵，老五是銅身鐵骨，老六有一雙長腿，老七的頭特別大，老八有一雙大腳，老九有一張大嘴，老么則有一對大眼。

有一天，他們正在合力工作，順風耳的老大聽見遠處傳來淒怨的哭聲。

「咦！有人在哭。老二！你去瞧瞧到底是怎麼回事？」

老二是千里眼，他朝四下張望，然後回答說：

「我知道了！那是被始皇抓去充當苦役的人，由於餓得難受在哭哩！……」

具有神力的老三見義勇爲地道：

「……我去幫他做吧！……」

於是，他立刻動身，到了中午時分已經築好了長城的一角，始皇看到老三的神力，既驚奇又害怕，想把他殺死以絕後患。老二憑著千里眼發現老三處境危殆，就趕緊通知兄弟們。於是，鐵頭的老四匆忙趕去救援，銅身鐵骨的老五也隨後跟去。始皇想把老五拋入海中，老六飛奔去接住他，始皇又想把老六推進海裡淹死，可是老六有一雙長腿，海水只淹到他的膝部，他若無其事地說：

「……順便捉點魚回去吧！……」

於是，就抓了許多魚裝在大頭老七的帽子裡帶回家。

這時，剛巧大腳老八被荊棘刺傷了，老三輕而易舉地幫他拔出來，還用那些刺當柴火煮魚吃。

大嘴的老九，聞著撲鼻的香味，忍不住說：

「讓我嚐嚐魚煮熟了沒有……」

但是他的嘴太大，一口就把魚全都吞下去。

大眼的老么看見這種情形氣得哭起來，結果他的眼淚氾濫成災，連萬里長城都被沖毀了。

暴君秦始皇也被洪水沖向大海，然後被一隻鱉吃掉了。這個故事雖然很荒誕，卻表露出民衆心頭的積憤。

63 有關孟姜女的故事

據說，孟姜女爲了等待在長城服役的丈夫，每天受著煎熬，那份哀怨被繪聲繪影地傳述下來。

故事從捕快追逐范杞梁（或作范喜良、萬紀良）開始。

至於范杞梁到底是何許人？他爲何被捕快追趕？各地的傳說不一，我們僅將比較通俗的說法介紹如下：

有一天晚上，始皇在山海關邊秦皇島上的宮殿裡做了一個夢，他夢見有個老道士對他說：

「……陝西有個平民叫范杞梁，他是個有才幹的人，如果能善加運用，長城的工程，就可在短期內完成……」

始皇醒了以後，對夢中的情景深信不疑，立刻派人去陝西范家，可是，杞梁早有預感，在三天以前就離開家了。於是，官府展開一連串的搜索，遂揭開了故事的序幕。

此外，還有一種說法也很流行——

當時，深受始皇寵信的趙高爲了打擊仇敵范啓忠，就向始皇進言，說他聽到一項預言——如果以啓忠的兒子杞梁祭神，則抵得上以萬人獻祭，長城就可以順利地築成。始皇聽信了趙高的讒言，下令務必找到范杞梁，這個悲劇就這樣展開了。

儘管故事的開頭有出入，但是後來的發展卻相去不遠。

范杞梁爲了逃避官兵的追捕，跑到孟隆德的花園中躲藏，而在無意間看到孟家的獨生女——孟姜女出浴的情景。孟姜女曾聽過預言：什麼人見到她的身體，就將成爲她的丈夫。她發現范杞梁以後，覺得他人品還不錯，二人也就一見鍾情，於是杞梁入贅孟家。由於情勢緊急，婚事籌備得相當快，然而，正當婚禮進行時，捕快聞訊而至。

那些捕吏毫不留情地把他倆拆開，范杞梁遂被帶往山海關六角亭的工地。那兒的地質比較特殊，在工程進行當中，遭遇到許多困難。

在痛苦的等待中，一年過去了，可是丈夫仍未歸來，因此孟姜女帶著親手縫製的冬衣，跋涉千里去探視夫君，同行的有婢女春環以及家僮興兒。

誰知半途發生了變故——興兒殺死了春環，露出猙獰的面目，脅迫孟姜女嫁給她。經過一些曲折的情節，孟姜女很幸運地脫離了困境。

她歷盡千辛萬苦，終於抵達了山海關，然而她的丈夫卻早已去世了。她聽到惡耗以後，靠著城牆，哭得肝腸寸斷。故事發展到此處，各地的說法還算是大同小異，可是，下面的情節又產生了分歧。

64 丈夫死後孟姜女怎麼辦？

孟姜女千里迢迢地來到長城的工地，當她知道丈夫已去世，不禁為自己的命運而哭泣，她連哭了幾天幾夜，後來，隨著一陣陣隆隆的聲響，高大的城牆突然崩毀了一角，她定神一看，眼前赫然是丈夫的遺體，於是，她把帶來的冬衣為丈夫穿上，然後抱著屍體痛哭失聲。

不知過了多久，孟姜女起身來，這時，她彷彿騰雲駕霧一般，行走如風，她走出六角亭，沿著長城來到渤海灣，然後抱著丈夫的遺體投身海中。

在她投海的一瞬間，四周突然一片昏暗，隨著天崩地裂般的聲響，有巨石落入海中，形成了兩個小島，也就是後人所稱的「夫婦島」。

關於孟姜女後來的遭遇，還有各種不同的說法，其中之一是——孟姜女成為始皇的妃子，被册封為貴人，但是，她對於一直想討她歡心的始皇，始終未曾假以辭色。

總之，故事的內容因時代而異。

由此可見，修築長城的工事確實對人民構成一項沈重的負擔，才會產生這些不利於始皇的傳說。

孟姜女的故事流傳得很廣，有些地方的民衆還把她供在廟裡祭祀，她甚至擁有好幾處墳墓。

在距離山海關五公里的一塊岩石上，有個供奉孟姜女的廟，中間是她的像，兩側還掛著一副對聯，據說那是宋末丞相文天祥所作的。茲錄原文如下：

秦皇安在哉，萬里長城築怨。
姜女未亡也，千秋片石銘貞。

毀謗當權者的傳聞大多有穿鑿附會之意，演變到後來，和事實的差距會越來越大。始皇的情形可能也是一樣。民衆有意把他塑造成一個暴君，遂產生種種不實的傳說。

故事的女主角孟姜女根本只是個虛構的人物；至於男主角范杞梁，在歷史上倒是可以找出同名同姓的人，不過那人是齊國的大夫，生存的時代比始皇早了三百年，因此，他和長城的興建完全沒有關聯；而且他的妻子也不叫孟姜女。在《左傳》中有關於范杞梁的記載，但是只是很平淡地敍述他爲國盡忠，並讚揚他妻子的貞烈。有些人認爲，孟姜女哭倒長城的故事，或許就是以此爲根據而創造出來的。

「焚書坑儒」事件

——真正的用意何在？

65 「焚書坑儒」是否爲秦朝滅亡的原因？

「焚書坑儒」是始皇統治時代所發生的重要事件。對於這件事，從古到今看法不一，但是大多數人都認爲，這是一項暴虐的行徑，始皇想藉此鎮壓反動的勢力，結果卻加速了秦朝的滅亡。

漢代的學者賈誼曾對此事作如下的批評：

「……這種做法，違背了先王之道，燒毀諸子百家的書籍，是一種欺民的行爲。始皇又以殘酷的刑罰來統治民衆，在民心背棄之下，秦朝終於滅亡。……」

賈誼的論調對後世影響很大。

唐代的詩人章碣，曾以此爲題賦詩：

竹帛煙銷帝業虛，關河空鎖祖龍居，
坑灰未冷山東亂，劉項素來不讀書。

後人的看法是——「焚書坑儒」事件促使秦朝衰微，過不了多久，就在劉邦、項羽等的攻擊下，招致覆亡的命運。然而，「焚書坑儒」果眞是秦亡的直接因素嗎？

其實，始皇的「焚書」並非把所有的書籍都燒掉，而使得文化趨於毀滅，他只是要統一思想而已。

始皇「焚書」的對象，是秦國史書以外的史籍，以及民間私藏的詩經、書經、諸子百家等書籍。至於博士所掌管的書則不燒，有關醫藥、卜筮、農事的書也被保存下來，所以說，「焚書」是有限度的。

其次，「坑儒」的用意只是要打擊復古派，並非把儒生全部活埋。至於周青臣等贊成郡縣制的儒生則未受到壓抑。而且，「坑儒」事件發生以後，秦廷還留有許多博士和儒生，例如：博士伏生、儒者陸賈……等人，就一直生存到漢朝。

秦的封建支配制度，對於其後二千年的中國社會產生很大的影響。秦以後歷代的封建王朝所採取的地方行政組織，可說是秦郡縣制的變型。

從這個觀點來說，在當時的情勢下，始皇「焚書坑儒」的做法，只能算是維持封建國家屹立不搖的手段。

至於「焚書坑儒」發生不久，秦朝就歸於覆亡，也許只是歷史的巧合，並不表示二者有絕對的關係。

66 爲何把儒生予以活埋？

在「焚書」事件發生的次年，方士盧生和侯生經過祕密的計畫相偕逃亡，而爲儒生帶來災禍。

根據《史記》的記載，我們不難推想出，當初二人商討的內容。

「……始皇生性剛戾，一意孤行，尤其是統一天下後，這種傾向更爲明顯。他自視甚高，專靠刑罰來統治臣下，他眞正信任的人，恐怕只有那些獄吏而已。朝中雖然有七十幾位博士，卻發揮不了作用，丞相和大臣們也只能奉命行事，始皇一直採取專斷的作風……」

「……由於始皇用刑罰來示威，使得百姓戰戰兢兢，唯恐觸犯刑章；官吏則但求保住祿位，根本無心爲朝廷盡忠。即使始皇犯了過錯，也沒人敢冒險進諫，於是，始皇越來越自大，臣下只知討好他，而把外界的實情隱瞞起來。」

「……如今天下事不分大小，一律由始皇親自裁決，每天上奏的文書堆積如山，毫無效率可言。始皇本身也因爲晝夜不停地辦公而沒有充份的時間休息，像他這樣把持權力，實在有些專制……」

他倆言下之意，朝政已無藥可救，索性相率出亡。

始皇聽到這個消息，大發雷霆：

「從前，我雖然命人搜集天下無益的書籍而予以燒毀，可是，我也徵召過許多學有專長的人，想重用他們以謀天下的太平，並獲得寶貴的仙藥。然而，那些派去訪求仙藥的人，卻一去不返。……」

他生氣地繼續說下去：

「……我在徐福等人身上花費了無數的錢財，他們卻始終未把仙藥帶回來，據說他們還趁機弄權。至於盧生那批人，我待他們並不薄，誰知他們竟恩將仇報，實在太可惡了，我非好好教訓那些儒生不可！……」

於是，方士的逃亡成爲導火線，始皇下令調查咸陽城內儒生的一切活動。

結果，有四百六十多人被捕，而在咸陽予以活埋。

67 爲何要燒毀書籍？

始皇二十六年（西元前二二一年），中國達成統一。

當時，秦廷對於是否應加强中央集權制意見不一，遂產生政治爭鬥。丞相王綰那派主張諸侯分封制，而廷尉李斯（後晋升爲丞相）那派，則反對封建制，認爲應該推行郡縣制，於是造成派系的對立。始皇雖然採納了李斯的建議，二派的爭鬥卻並未就此了結。

始皇三十四年（西元前二一三年），博士淳于越重新點燃了戰火——某次，始皇召集羣臣，在咸陽宮舉行盛大的宴會，博士僕射周青臣針對郡縣制的實行，讚揚始皇的洪德，可是淳于越聽了以後，卻公然指責始皇不該採行郡縣制，認爲周青臣根本就是媚上。

淳于越譴責始皇實行法家路線，而不師事古人，他警告說，這樣做國家的壽命必不長久。

接著，他又極力主張，應該分封皇室子弟及功臣，回復到殷周時代的奴隸制度。

李斯（這時已晋升爲丞相）立即提出反駁——施政者必須配合時代的需要，採取適當的政治制度，而不能一味承襲舊有的模式。如果開倒車，國家的前途必然不樂觀。如今，學者們眼光不夠遠大，只注意舊的事物，而不學習新的東西。並且以陳腐的道理爲根據，批評當今的政情，實在有蠱惑人心的嫌疑。

李斯又揭露，儒生們打著「私學」的旗子結黨攻擊新制度的事實。他向始皇建議，勿再寬容彼等進行復權的活動。

始皇接受了他的進言，於是下令嚴禁「私學」，並把民間私藏的詩經、書經以及諸子百家的書籍，集中起來予以燒毀。

次年，又採取進一步的行動，在咸陽活埋了四百六十幾個儒生。

始皇承襲孝公時代商鞅的理論，走上法治的路線，並重用法家李斯等人，完成統一大業。他廢除了封建制以及奴隸所有者的特權，而在全國實施郡縣制。

但是，奴隸主階級並未停止復權的努力，具有代表性的一些政客、儒生，諸如：王綰、淳于越、侯生、盧生之流，在新的情勢下，卻仍讚揚詩書，主張分封諸侯，反對實行郡縣制度。

始皇則根據法家，廢止封建制，推行郡縣制，毫不留情地把反對派擊敗。

68 始皇的焚書和希特勒有何不同？

有些學者曾評論始皇與德國納粹黨，二者焚書的做法有何異同？並對始皇下了新的論斷：

「希特勒燒毀書籍，而受到有識之士的責難，認爲他這種行徑和我國古代的秦始皇無異。其實，這對始皇來說眞是天大的冤枉。始皇吃虧的是，他所創立的王朝，只經過兩代就滅亡了，隨著漢朝的來臨，那一羣換了新主的臣民立刻見風轉舵，開始宣揚舊主的劣迹。……」

依照這個觀點，希特勒和始皇截然不同——希特勒燒毀書籍的理由，是那些書的內容和德國自身的思想不合。他根本沒有始皇那份度量去接納客卿（也就是外來的人）的想法。

據說，希特勒燒毀了有關「性」的書籍，有些學者認爲，希魔把猥褻的界線劃錯了，以致連性教育的，也不准保留，這種做法等於——「要把性道德的開放，以及學術性的研究，都予以摧毀，這樣一來，將使女人與孩童再跌回以往的地位，而永遠見不到光明。」

又對始皇所作的「書同文」、「車同軌」等措施加以稱揚，認爲這是希特勒所望塵莫及的。

「車同軌」是指始皇統一全國後，修建馳道，規定車輛的寬度。

「書同文」則是指推行新的字體。

這些措施對當時具有積極的作用，在始皇的遺業中，應該屬於被讚揚的部分。

在此，要附帶說明的是——始皇變更了百姓的名稱。《史記・秦始皇本紀》中有云：

「……更民名爲黔首……」

黔是黑色，其實，中國人的頭髮全是黑的，連始皇也不例外，所以這個名稱不是有點矛盾嗎？

69 眞的無人敢進諫嗎？

「焚書坑儒」事件，雖然不算是秦亡的直接因素，然而無可否認地，這種做法確實有點過份。在當時，難道眞的沒有一個人，本著一片赤誠向始皇進諫嗎？有的！而且，這個人就在始皇的身邊，那就是太子扶蘇。他大膽地向父王進言：

「……如今天下初定，各地的民衆尚未歸心，父王要抑制孔教也是無可厚非的。但是，把儒生活埋，即使只是一部分，也會招致民怨，還請父王三思。」

可是，扶蘇的諫言並未被採納，甚至引起始皇的不滿，而把他趕離國都咸陽，送到遙遠的北疆，讓他在上郡（陝西省北部）監督蒙恬討伐匈奴。

如此一來，人們眼見連太子都會被放逐，還有誰敢冒險直諫呢？

扶蘇的命運說來十分悲慘。後來，始皇在巡幸途中得病，他自知不久於人世，想起遠在北方的長子扶蘇，就趁著還有一口氣，寫了一封親筆信：

「……把軍中事務託付給蒙恬，儘快趕回京師指揮葬儀。……」

始皇把這份御札交給趙高，過沒多久，始皇駕崩了。趙高卻圖謀不軌，把御札加以改造，並利用保管的玉璽蓋印，然後派人送到上郡給扶蘇。經過變更的詔書，內容大致如下：

「朕巡幸天下，禱祠名山諸神，以求延長壽命。如今，扶蘇與將軍蒙恬，統帥數十萬大軍，屯駐於邊境，十幾年來毫無進展，還屢次犯顏直諫，並抱怨不得歸來。扶蘇身爲太子，不知盡人子之道，故賜劍令其自裁；蒙恬與扶蘇同在外，而未能匡正其言行，實有失爲人臣盡忠之道，所以，一併賜死，兵權移交予裨將王離。」

扶蘇接獲詔書，絕望地道：

「……父賜子死，尚復何言……」

遂遵命自殺身死。蒙恬則不從命，而被逮捕，關入陽周的監獄，後服毒而死。這就是他倆的遭遇，也註定了大朝覆亡的命運。

蘇東坡曾評論道：

「……始皇統一天下後，禁奸備亂甚嚴，外有蒙恬將三十萬大軍，揚威於北方，而由扶蘇負責監督，又有蒙毅侍於帷幄，任何大奸賊，都不足爲患。然而，始皇寵信趙高，則造成了致命傷。……」

趙高確實是秦朝的禍根，始皇假使地下有知，當爲之扼腕。

70　出土的竹簡所言何事？

根據資料，在山東出土的的漢墓中，發現了四千九百片竹簡，這是證明始皇「焚書坑儒」，是鎮壓復權活動的必要措施最有力的證據。那些埋在地下二千多年的竹簡，是研究當時儒、法二家爭鬥的情形以及焚書原委的珍貴資料。

依照學者們的判斷，被挖掘出來的漢墓，年代應該是西漢武帝初年，距今大約二千一百年。

在那些竹簡當中，，值得注意的是，它們大多是有關軍事的著作，還有一部分則是先秦諸子的書籍，至於儒家的經書則連半本都沒看見。

掘出竹簡的地點，在春秋時代的後期屬於魯國境內，照理說，那兒是儒家的發祥地，受儒家傳統思想的影響應該最深，可是在發掘的漢墓中，竟然連一本儒家經書都找不到，由此可見當初儒家確實受到嚴重的打擊。

新興的地主爲了鞏固自己的地位，防止奴隸復權，就不得不加以壓抑以言論迷惑人心，企圖恢復權位的活動。否則，統一不久的國家，又將趨於分裂。

而且，始皇即使以儒家的經營做爲焚書的對象，也並未把它們一概燒毀。

清人黃石牧曾說：

「……秦之禁書，禁之在民，非禁之在官，故內府博士所藏未亡。……」

這是說，秦博士官所管理的書籍仍然被保存下來。如果所有的文化資料都被毀滅，司馬遷的《史記》，又從何產生呢？

長生不老的心願

——仙人果真存在嗎？

71「方士」究竟是何等人物？

當時，被稱爲「方士」的人橫行於一時，他們以咒語、仙術來混淆人們的耳目。「方」本來就帶有神怪的意味，因此，「方士」等於是耍弄巫術的人，他們所用的技倆被稱爲「方術」。

那些方士大多是江湖郎中，他們不知修行仙道而一味地詐取錢財，自稱能使用方術治病，或是宣稱曾得到仙人傳授長生不老的藥方，並出售效果可疑的丹藥，其實，那些藥根本一文不值，他們只是抓住了人性的弱點，以仙術爲煙幕而從中牟利。

被方士所愚弄的人，並非只是一些庸俗之輩，連始皇、漢武帝那般握有最高權勢者，也對方士們有著某種程度的依賴。他們靠著方士們的祈福，企圖尋得長生不老的仙藥，結果並未達成心願，反而在焦慮中去世。

秦漢是方士們的黃金時代，儘管在另一方面，醫學逐漸地發達，然而人們對妖術、方術的倚賴卻非常深。

恐懼死亡而想獲得永生是人之常情，也可說是人類共同的意願，遂由此產生「仙人」的構想。我們可從先秦時代的書籍中，尋得有關仙人的記載。

在人們的想像中，仙人是超凡脫俗的，他們住在山上，能夠擺脫老、死的威脅，而具有千里眼、順風耳、騰雲駕霧……等不可思議的本領。

仙人又可說是無所不在的，只要能徹底地悟道，就能進入軒轅國（有八百年壽命的國度），或是百民國（能有二千年壽命的國度）等樂土。仙人們獲得長生不老以後，還會為塵世的人們製成長生不老的仙藥。

這種製藥祕方，被稱為「鍊金術」，而以方士們為橋樑，把丹藥供給世俗的人。

始皇渴望長生不老是眾所周知的。他的身體本來就不太強壯，尤其是統一天下後，權勢達到了巔峯，使他更迫切地希望獲得永生，因此他時而向神明祈禱，時而尋訪仙藥，攪得雞犬不寧，急於延續他的生命。

始皇的個性處於兩個極端之間，那就是強烈的理性，及自認為神明附體的驕傲。然而，隨著年齡的增長，他倚賴神靈的傾向，越來越明顯了。

72 他為何渴望成仙？

據說，方士盧生曾向始皇進言：

「……我們實在很想替陛下把仙人請來，但是這件事談何容易，希望陛下以後駕臨何處，都不要讓臣下知道，在這種隱密的情況下，仙人可能願意出現，為您帶來不老的仙藥，甚至幫助您得道登仙！……」

始皇聽了，就向他吐露實言：

「……朕確實很想成仙。……」

從此，始皇不再自稱「朕」，而號稱「眞人」，「眞人」即「仙人」。為了使臣下對他的行蹤捉摸不定，除了在咸陽附近建阿房宮外，還興建了許多宮殿；他又採取嚴厲的手段，假使有人膽敢洩露他的居處，就施以極刑。

始皇熱中於營建宮殿，在另一方面，也是基於强烈的自我顯示欲，想把自己完成的偉業，以有形的方式，傳之於千秋萬世。

他一面陶醉於既成的功業，一面對逐漸迫近的死亡陰影感到無比的恐懼，所以，對於方士們的依賴日漸加深，希望以方士們爲媒介而獲得永生。

始皇三十年（西元前二一七年），他突然心血來潮，把一向稱爲「臘月」的十二月，改稱爲「嘉平」。十二月本有許多種名稱——夏朝謂之「清祀」，殷商名爲「嘉平」，周朝則叫「大蜡」，始皇則回復到殷商的舊名，據說他如此做的動機是由於當時流行一首兒歌：

「……帝若學仙，須以臘爲嘉平……」

有一部分人則認爲，始皇把十二月改稱爲嘉平以後，這首歌才流行起來，以諷刺始皇對成仙的狂熱。

始皇在三十二年東巡時，曾命令方士盧生務必把仙人請求，並派遣方士們四出尋訪不老的仙藥。

始皇拚命地尋找仙藥，又變更臘月的名稱來幫助自己得道登仙，他可說已到了走火入魔的地步。

據說，古代的仙書上曾爲世人指點迷津：

「求不老長生，修至高之道，祕訣在本人之志，……」

由此可見，始皇並未摸著門路，他過份地依賴方術而不肯修心養性，臣下又畏懼他的威勢而不敢指出他的錯誤，遂使得他一直沈迷下去。

73 仙藥和祈福真的有效嗎？

以現代人的眼光看來，那些方法眞是愚昧之至。

得道要靠個人的修行，始皇不肯自己去做而想假手他人，希望落空也是理所當然的。

葛洪所著的《抱朴子》一書被視爲修道的經典，他在書中曾對始皇作如下的批評：

「……始皇想獲得長生不死之術，應該先普愛天下，把子民視爲己身而一視同仁。然而，始皇攻擊弱小的國家，奪取發生內亂的國家，又把搖搖欲墜的國家弄垮，以此種方式來擴展領土；他又任意逮捕民衆，把他們置於死地，在做了這許多暴行以後，即使他多方地向神明祈福而得到些微的效果，但在另一方面，人民的詛咒卻足以折損他的壽命。……」

這段話主要是說，始皇沒有依靠自己的心理準備，他根本不想下功夫去修行，只想坐享其成，靠著方士們的法術，讓自己輕而易舉地登仙界。

的號。

《抱朴子》的作者葛洪並不是虛構的人物，而是一代的學者，他字稚川，抱朴子是他

葛洪出生於江蘇省勾容縣，父親葛悌出仕晉朝，擔任地方官，葛洪排行第三，幼年時代即失怙，一家生活失去了憑藉。然而他在貧困中發憤惕勵，攻讀儒學、諸子百家及《易經》，而對道家思想特別愛好，致力於修行仙道。在我國的學術思想界，道家和儒家可謂分庭抗禮，而仙人和仙術的構想，大多是由道家而來。

據說，葛洪自幼就對仙道發生興趣，後來，他的伯祖葛玄的弟子鄭隱把鍊丹術傳授給他。他在三十五歲以前，已有《抱朴子》內篇二十卷、外篇五十卷，以及《神仙傳》等著述。

他所以對仙道感興趣，可能和他的家世有關——他祖父的堂兄葛玄是左慈的弟子，傳說已得道。在《歷世眞仙體道通鑑》中，有關於左慈的記載，說他當著曹操的面作法，從水盤中釣起大魚，後來因事觸怒了曹操，就以分身術逃逸無蹤。

言歸正傳，葛洪日後師事南海郡太守鮑立，並娶其女爲妻，他曾從軍立下戰功，也曾在宦海中浮沈。

他晚年和家人遷居廣州，住在羅浮山，專門修鍊丹藥，據說他死時臉色如常，彷彿

熟睡般坐化了。

74 他爲何不能成仙?

我們在前面說過，始皇一味地倚賴方士，夢想獲得不死的仙藥，同樣的，他渴望成仙，卻不肯以自己的力量去修行。在日常生活中，他照常地享樂，如此六根不淨，要想得道是萬不可能的。被稱爲活神仙的葛洪，在其《抱朴子》一書中言簡意賅地指出——要通達仙道，最要緊的就是修行。下面介紹的是他的觀點：

「……仙道的眞諦並不煩瑣，只要具有堅定的意志和信心，不斷地修行，就能登仙界。對治身而言，要永遠整頓自己的身心，就治國而論，要能永享太平，如此則能輕易地飛上天庭……」雖然，塵世間的事物常和仙道的修行相衝突，但是並不表示該放棄希望，關於這一點，我們可從下列的例子中得知。

古代的帝王，儘管肩負著治天下的重任，崩殂後仍能乘龍昇天。

彭祖雖爲殷朝的大夫，但是他一直活到八百歲，才消失在西方的沙漠中；老子是周朝的守藏史，一樣能得道西去；又如甯封子是黃帝時經管陶器的官吏；方回是堯時的小官；太公望是周朝的太師；仇生出仕商湯；馬丹是晉文公時的大夫；范蠡幫助越王勾踐取得霸權後，乘船飄然而去；琴高在他得道登仙，消逝於河中以前，曾出仕於康公主政的宋國；常樅故意擔任馭者的賤職；莊周收歛才華，做一名小官……。

像這樣，在古代的官吏中，不乏一面參悟仙道，一面治國平天下的人，由此可見，得道不一定要在山林中修行，而放棄了應做的事情、應盡的責任。

指點人得道的書很多，可是務必經過謹愼的選擇，並且要精讀以求融會貫通。有些人對於書的內容根本一知半解，卻以藏書豐富，博覽羣籍而洋洋自得。殊不知這種求道的方法，就好像伸手到燕巢中求鳳卵，或希望在水井中捕得巨魚一般，再努力也歸於無效。

有時，即使有一些收穫，效用也很可疑，結果多半是白費功夫，不但疏忽了自己應盡的義務，也無法實現長生不老的願望。然而外人看到這種情形，卻會直覺地認爲：

「……他費了那麼大的精力，還是不能昇天，這樣看來，長生之術並不存在這世間。……」

這樣想未免太消極，要知道，那些人所以不能成功是因爲他們不得其門而入。就好像一個人站在河畔想捕魚，可是他選擇的地點不適宜，或者他的手上沒有魚網、釣竿，因此並非河中無魚，只是他無法獲得罷了。

以上是《抱朴子》一書中的看法，可惜這本書問世時，始皇已去世五百年了。

75 徐福爲何前往三神山？

據說，始皇手下有三百名方士，他們有的說要去找仙藥，有的要替始皇請仙人下凡，還有的拚命鍊金丹，而以種種的藉口從始皇那兒詐取了大批的錢財。

始皇在二十八年出巡時，登上山東的鄒嶧山。

山東在春秋戰國時代屬於齊國的領土，而齊、燕地方本來就是我國古代神仙思想的發祥地，也可說是方士的大本營。始皇巡幸山東以後，對於成仙益發狂熱，徐福就在這時出現了。他是齊國人，也是一名方士，他看準了始皇的弱點，而以高明的手法大事斂財。

任何人達到權勢的頂峯後，最渴望的就是長生不老，當然最好是能成仙，既然如此，就該致力於修行，可是，權勢者往往嫌麻煩而不肯那樣做，這眞是自相矛盾。難怪那些方士覺得有機可乘，藉口尋訪長生不老的仙藥，而讓始皇心甘情願地拿出大筆錢財。

據說，徐福曾上書始皇道：

「……在遙遠的東方海上，有三座神山，它們分別是蓬萊、方丈和瀛州，住在那裡的神仙們，擁有長生不老的仙藥，我想齋戒沐浴一番，然後帶著男女童子，冒險前去尋訪仙藥。……」

始皇自然很快就答應了。

老實說，這根本是一筆無謂的投資。但是，我們也不能一味地嘲笑始皇，因爲一般有權勢的人，大多有這種怕死的傾向，始皇只不過更强烈罷了。由於他心情焦慮，加上當時神仙思想的影響，遂自然而然地中了方士們的圈套。

始皇的思想言行本來就比較極端，他在晚年對於尋訪仙藥，更是表現得非常狂熱。

據說，三神山是仙人們居住的樂土，根據《漢書．郊祀志》的記載：

「……此三神山者，其傳在渤海中，去人不遠，蓋嘗有至者，諸仙人及不死之藥皆在焉。其物禽獸盡白，而黃金銀爲宮闕，未至，望之如雲，及到，三神山反居水下，水臨之患，且至，則風輒引船而去，終莫能至云，世主莫不甘心焉。……」

所謂「三神山」，應該只是海市蜃樓，卻成爲神仙思想產生的直接因素。

76 長生不老的仙藥得到了嗎？

如前所述，越是擁有權勢的專制帝王，對長生不死的意願越强烈，於是基於焦慮的心情，遂不擇手段地去尋訪仙藥。

所以，不僅是徐福，還有許多人拿了始皇撥給的巨額經費，出發去尋求長壽的仙藥。

那些人大肆渲染，說三神山上有珍貴的人參，三千年才開花，再過三千年才結果，只要聞一聞花香，至少能活到三百六十歲，如果能吃到果實，就可享八百歲的高齡，方士們的甜言密語，居然輕易地騙過了不可一世的秦始皇。

仔細想想，那些方士們詐騙的手段確實相當高明。他們並未引用《列子》中所說的「五神山」，而加以變通改以「三神山」的說法來讓始皇上鈎，這是很聰明的做法。如果他們提出「五神山」，並鼓起如簧之舌，吹噓那兒是一片樂土，也不會有什麼效果。因爲大家都知道，那不是人能去的地方，始皇也不可能中計。所以徐福等人另創一個「三神山」，讓始皇覺得雖然距離稍遠，但總還值得一試。

所謂「三神山」，只不過是眼睛錯覺所看到的海市蜃樓，怎會眞的有仙藥呢？那些被派出去的人，自然都兩手空空地回來，他們的報告也都大同小異：

「……我們在海上一直向東航行，確實看見了三神山，於是，大夥兒很快地駛過去，誰知這時三神山突然沒入水中，再也見不到蹤影了。……」

就這樣，儘管始皇有再大的權勢，還是嚐到了失望的滋味。

根據《列子》一書的說明——在渤海以東，不知幾億萬里的遠方，有個深不見底的山谷，其中有岱輿、員嶠、方壺、瀛州、蓬萊五座山，山上有用金玉砌成的房子，那兒的禽獸毛色純白，樹上的果實美味可口，食後可長生不死，那裡的居民都是仙人，騰雲駕霧往還各處……。

其次，五神山原是浮動的，常隨著潮流波動，天帝知道這件事以後，唯恐五神山流向西極，而使衆仙失去居所，於是命十五隻巨龜擔負馱載的任務，牠們分三批值勤，每六萬年調換一次，如此一來，五神山就屹立不動了。

有關五神山的記述，委實有些超乎想像，即使方士們說得口乾舌燥，也未必能使始皇相信確有其事。因此，他們就較爲保留，只提到三神山，讓始皇重燃起一線希望。

77 徐福是否即爲日本「神武天皇」?

徐福帶著數千名童男、童女，分乘幾十艘船，浩浩蕩蕩地出發了，可是他們一去就未再回來。有人認爲，他們在東方的海上開墾了某個島嶼，而和大陸方面進行貿易。還有一種說法——他們的船漂流到日本紀伊的熊野浦，徐福深恐遭到始皇責罰而不敢回國。於是他們就在日本住了下來。

這就是徐福即神武天皇傳說的由來。

徐福和日本的建國彷彿有一些關聯，所以才有徐福和神武天皇是同一人的說法。但是並沒有確實的證據可以肯定這一點。某學者曾作《日本神武開國新考》，這本書引起各方的議論，有人據以編成《徐福與日本》一書，也有相當的參考價值，然而，要想對徐福即神武一事下定論，還要留待進一步地研討。

可是，單說徐福漂流到日本而定居下來這一點，倒還有幾分眞實性。

在紀州（伊）的新宮，有徐福的墳墓，碑上還刻有某日本學者所作的紋文。儘管徐福生存的年代距今已有二千多年，許多事已無從查證，但是我們不能否認徐福到達熊野浦的可能性。

到目前爲止，徐福還只是一個傳說中的方士。據說，當始皇到他最喜愛的瑯琊時，徐福出現在他面前，向他誇下海口，說必定能爲他帶回不老的仙藥，雖然徐福並未達成這樁任務，可是，他對逃避始皇的責罰，似乎是有恃無恐。

「……在蓬萊仙島上，確實有長生不老的仙藥，不過，我們每次前去，都會受到大鮫魚的阻撓，以致無法抵達目的地，因此，請陛下派一名善射的武士同行……」

就這樣，徐福以花言巧語，向始皇騙取了裝備，而在西元前二一〇年再度出航，但是，這一去就未再回頭，幾個月以後，始皇崩殂了，秦朝陷於一片紊亂，根本無人追查徐福等人的行蹤。三年以後，秦朝滅亡，這一來，有關徐福後來的事迹，就再也沒有紀錄可稽了。

78 他爲何經常出巡？

始皇統一天下，並把國都建設完善以後，開始巡幸各地，根據資料顯示，他在十年之間，先後出巡了五次。

第一次（西元前二二〇年）是到西北一帶；第二次（西元前二一九年）是去東方、南方；第三次（西元前二一八年）則到東方；第四次（西元前二一五年）是去東北地方；第五次（西元前二一〇年）則巡幸南方。

至於他巡幸的範圍，東邊到之罘（山東省文登縣），西邊到隴西（甘肅省臨洮縣），北邊到碣石（河北省樂亭縣），南邊到會稽（浙江省紹興縣），可說跑遍了秦朝的版圖。

其中，以朝西的行程最短，這可能是由於西面是在匈奴的勢力之下。

始皇出巡時，還會在七個地方刻石為記。

這七處分別是——嶧山（山東省鄒縣）、泰山（山東省泰山）、瑯琊台（山東省罘邪山）、之罘山（山東省文登縣）、東觀（同下）、碣石門（河北省樂亭縣）、會稽山（浙江省紹興縣東南）。

在《史記．秦始皇本紀》中，採錄了這幾處的刻石文，唯獨漏了在嶧山所刻者，但是根據宋以後的拓本，也可約略瞭解其內容，文意不外是歌頌始皇的恩德，亦可見始皇高踞權勢的巔峯，躊躇滿志的情形。

舉個例子來說——

在山東瑯琊台的石刻文中有云：

「……六合之內，皇帝之土，西涉流沙，南盡北戶，東有東海，北過大夏，人迹所至，無不臣者，功蓋五帝，澤及牛馬，莫不受德，各安其宇……」

這是說六國能被平定，人民得享安樂的生活，都是始皇的恩德所賜，一派歌功頌德之辭。

此外，當第二次出巡時，始皇還在泰山舉行封禪儀式，唯有完成偉業的君王，才有資格進行這項祭天典禮。

封禪的地點，選在被視爲聖山的泰山，表示地上君王的威德，幾乎可與天帝的神威相比。

始皇舉行封禪大典，是否屬於上述的意義，我們並不淸楚。也許他是向天神祈禱，希望自己也能像神明般，擺脫死亡的威脅，而能永遠地存在世間，享受旣得的權勢。

79　陰陽五行說產生何種影響？

神仙和仙術，雖然被承認具有不可思議的力量，但是即使在那個迷信充斥的時代，如果能附上合理的說明，也能使人民加倍地信服。

因此，「陰陽五行說」遂被適時地利用。這個學說是在戰國時代由鄒衍所提出的。他據此解說萬物變化的道理，而把陰陽說、五行說合而為一。

簡單地說，陰陽說的主旨，是認為世間一切的物體，都是由陰、陽兩個因素調和而成的。

例如：男人和女人、太陽和月亮……，在食物方面，野菜、大豆、海草、水果、植物油等屬於陽性，蛋、肉、魚、動物油等則屬於陰性，所以，吃了蛋、肉一類陰性的食物後，就要吃蔬菜一類陽性的食物，以避免陰陽失調。

五行說和陰陽說，同為我國古老的哲學，五行是指木、火、土、金、水五個元素，再分別配以木星、火星、土星、金星、水星五個星宿；仁、義、禮、智、信五德；東、南、中央、西、北五個方位；春、夏、土用、秋、冬五季；貌、言、視、聽、思五事，……。並認為這五個因素的變化，不但構成自然界的運轉，還對人類的命運、健康，造成很大的影響。

其次，在五行的相互關係中，會有相剋、相生的情形，相生是指五行互相產生的肯定關係。

也就是說，木生火、火生土、土生金、金生水；相剋又名相勝，是指五行相互消滅的否定關係——水剋火、火剋金、金剋木、木剋土、土剋水。

由現代人的眼光看來，這些思想眞是不可思議。然而，它們在當時的影響力卻是不容忽視的。

五行說肇始於戰國前期，到了始皇時則成爲時代的潮流。始皇定秦朝爲水德，因爲秦是繼承火德的周。如今看來，這種理論眞是莫名其妙，可是，它卻具有莫大的魔力。始皇又以十月爲一年之始，這是爲了配合五行的運轉——從十月起步入冬天，而冬季屬於水。

本節的主旨是說，仙人和仙術的神祕性，有了陰陽五行說做爲背景，遂被加上一層理性的外衣，而更具有說服力。

80 博浪沙遇難的真象如何？

《史記・秦始皇本紀》中有如下的敍述——那是在始皇二十九年（西元前二一八年）。

「……始皇東游至陽武博浪沙中，爲盜匪所驚，求弗得，乃令天下大索十日……」

陽武位於河南省陽武縣的東南，博浪沙則在其南方。

根據《史記》的記載，始皇巡幸到陽武，受到盜匪的驚擾，然而，那些匪徒卻非比尋常，李白曾作詩云：

子房未虎嘯，破產不為家，滄海得壯士，
博浪沙椎秦，報韓雖不成，天下皆震動。

詩中的子房即指張良，他並非一般的盜賊，而是王侯世家的子弟，子房是他的字。韓國在始皇十七年（西元前二三〇年）被秦所滅，當時子房還年幼，未曾出仕宦途，但是亡國之恨仍令他悲憤不已。

在博浪沙事件發生前的十二年間，誠如李白所述，子房「破產不爲家」，他置擁有三百奴僕的家業於不顧。

關於張良的事迹，在《史記．留侯世家》中有記載——他前往東方，經由倉海君的介紹，認識了一位大力士，於是，他和力士帶著重達一百二十斤的鐵椎到博浪沙去，想襲擊東巡途中的始皇，可惜並未獲得成功。

至於倉海君其人，司馬遷可能是指當時倉海郡的行政首長（在高句麗），由於不知其名，遂稱之爲倉海君；此外，有關力士的事我們也不清楚。

博浪沙之事失敗以後，張良逃亡到下邳（江蘇省邳縣以東），據說他在那裡遇見黃石老人，被授以太公兵法，他日後的事蹟大致如下：

——漢高祖劉邦起兵時，他擔任軍師而立下大功，又在鴻門宴中運用智謀使劉邦脫險，漢朝建立以後，被封爲留侯，而在西元前一六八年去世。

在此要附帶說明的是：始皇除了在博浪沙遇刺外，還被刺客荊軻襲擊過；其次，在始皇三十一年（西元前二一六年）他帶著四名衞士，到渭水之畔的蘭池宮時，又遭到刺殺，眞實情形不詳。

始皇的崩殂與二世皇帝

——為何成為比父王更殘暴的君主？

81 始皇何以爲死亡而煩惱？

《史記・秦始皇本紀》中有——

「三十六年，熒惑守心，有墜星下東郡，至地爲石。」的記載。東郡在河北省南部，山東省西北部一帶，所謂「墜星」，是指隕石。

有人在石上偷刻「始皇死而地分」等字，始皇接獲報告後大怒，立即派御史負責調查，可是始終查不出嫌疑犯，始皇一怒之下，把隕石所在地附近的居民趕盡殺絕。這種做法當然很殘酷，也可由此看出始皇對死亡是何等的恐懼。他在極度的煩惱下，拚命尋訪仙藥，並向神明祈福，企圖延長壽命。

從這時起，始皇的心情變得十分憂鬱。

同年的秋天，欽差路過華陰（陝西省華陰縣）時，遇見一名手持璧玉的男子，那人曾作不祥的預言：

「……明年（或作今年）祖龍（指始皇）死……」

說完迅速地消失了，欽差就把璧玉帶回向始皇報告。

始皇聽說後沈默良久，然後說：

「……祖龍是指祖先，並非指朕……」

可是，他的聲音卻有氣無力。爲了表示他還健康，就在次年（西元前二一〇年）十月，作第五度的出巡，結果卻成爲最後的一次。

始皇在十一月時，抵達湖北的雲夢，乘船沿長江而下，經過江蘇省的丹陽，到達了錢塘，接著，渡過浙江，登上會稽山，立下歌頌秦朝功德的石碑。

他這次出巡，主要是沿著長江，巡幸南部地方，回程則從江蘇附近上岸，前往他心愛的山東瑯琊。

他在那兒做了一個夢，他夢見自己和海神打鬥，醒來後詢問占夢博士，得到的答覆是：

「……陛下想會見水神而不可得，因爲，海中有大魚和蛟龍在作怪。……」

在做夢的次日，許久未見蹤影的徐福，又來到始皇面前，謊稱往蓬萊尋訪仙藥途中，遇見巨魚阻擋，而向始皇要求派遣弓箭手同行。

由於徐福所言和夢境相符，始皇立刻答應了他的請求，還在自己的衞隊中，也加派一名射手。後來，始皇一行再由瑯琊北上，抵達了之罘，並在那裡射殺了一條大魚。

他們一行人到達平原津（山東省平原縣）以後，始皇突然罹病而死於巡幸途中。至於他所得的病，據說是黑死病一類的時疫。

82 他臨終時是何模樣？

始皇在平原津染上疾病，據《史記．秦始皇本紀》的記載：

「……始皇惡言死，羣臣莫敢言死事……」

他不知死期已近，又懼怕死亡的到來，遂派遣隨行的蒙毅先趕回咸陽，向神明祈求恢復他的健康。

拖到後來，他自知已難免一死，就趁著還有一口氣，寫了一封親筆信派人送給遠在北疆的長子扶蘇，可是這封信被趙高扣留了。不知情的始皇，抱病繼續他的行程。七月丙寅日，始皇終於在沙丘的平臺崩逝，享年五十歲。

沙丘位於河北省平鄉縣的東北，當時有一座沙丘宮，有人認爲平臺是宮中的一個臺，但是依照多數人的看法，平臺應該另有其地。

得知始皇已崩殂的人，只有公子胡亥、李斯、趙高，以及幾名始皇寵信的宦官。

始皇的死訊，被極度地保密，他的遺體則被安置在轀輬車上，由宦官陪侍，百官上奏及用膳，仍照常地進行。

轀輬車是裝有窗戶，能開關以調節溫度的馬車。

由於那時是夏天，氣溫相當高，李斯等人商量的結果，決定在車上裝三十斤左右的魚，企圖以魚腥味來掩住屍臭，就這樣好不容易才回到國都咸陽。

然後，他們才發佈訃聞。

這一切都出於李斯的安排，他認爲如果在抵達國都以前，公佈始皇的死訊，很可能引起變亂，所以才儘量設法隱瞞。

後來，李斯被趙高逼得進退兩難，而感嘆道：

「……嗟乎！獨遭亂世，旣以不能死，安託命哉！」

他心裡很明白，儘管在表面上秦朝內部還算安定，但是，在實際上卻隱藏著重重的危機，一發就將不可收拾。

李斯決定延遲發佈訃聞，可算是他一生中最後一次有理智的行徑。

然而，當時有一個人卻正醞釀著可怕的陰謀，那就是始皇最寵信的趙高。

83 始皇的死訊爲何要保密？

我們在前面已說過，隱瞞始皇已死的消息，是李斯的計謀。始皇崩殂時，知道此事的只有最高階層的胡亥、李斯、趙高而已。李斯衡量情勢的結果，決定暫時保密，等返回京師再發喪。

李斯對始皇有很大的幫助，因此李斯對秦政權的實力瞭如指掌，他心裡有數，假使在巡行途中發佈訃聞，必將招致叛亂。

春秋戰國是個動盪不安的時代，始皇雖然以武力征服了各地，卻無法讓局勢立刻穩定下來，在這個過渡時期，始皇所採取的政策，是以嚴刑峻法來鎮壓，加上繁重的徭役、徵稅，人民的耐力已達到了飽和點。李斯原是個有見識的人，他早已察覺，始皇這位强有力的統治者一旦過世，天下必然又陷於分崩離析。儘管秦政權並不穩固，但是至少可維持表面的和平，假如在一瞬間化爲亂世，生靈又將塗炭，主政者實在於心不忍。所以，李斯決定延緩發喪，儘量穩住局勢。

然而，李斯這項顧全大局的處置，卻在無意間促成了趙高的陰謀——始皇寫給扶蘇的手詔，被趙高扣留住了，趙高遂藉此實行他的詭計。

首先，趙高把信拿給公子胡亥看，並對他說：

「……先王留下這道給扶蘇的遺詔，一旦送到扶蘇手上，他就要兼程趕回京師，登上帝位了……」

「這是理所當然的。……」

公子胡亥平靜地回答。

「……父王既崩，理應由長兄繼位。……」

「可是，目前國家的實權，掌握在你、我、丞相三人手中，如果想有一番作爲，就不該拘泥於這些小節，要知道，高高在上和向人稱臣是有天壤之別的啊。希望你拿出勇氣來，一切交給我去辦。……」

「但是廢兄自立是不義之行，萬民怎麼會擁戴呢？假設眞的這樣做，不但會危及自身，也無法奉祀社稷。」

「你太固執了。當初商湯和周武王討伐其君，奪得了天下，也並未被視爲不仁不義啊。像你這樣猶豫不決，會坐失良機的。……」

經過一番辯駁，胡亥終於被說服了，趙高又說：

「這件事關係重大，勢必和丞相好好商量，你放心，一切看我的。……」

於是，趙高開始向李斯遊說。

84 李斯爲何同意趙高的陰謀？

對趙高而言，李斯決定延後發佈訃聞眞是正中下懷，因此他立刻同意暫時保密始皇的死訊。在這期間，趙高遂展開遊說的工作，胡亥那邊既然已經奏效，就把目標轉向李斯，窺伺適當的時機，向李斯作如下的說服：

「……先帝給扶蘇的手諭，我還沒送出去。老實說，如今嗣君的決定權，完全操在我倆手上，在此緊要關頭，閣下到底作何打算？……」

李斯勃然變色道：

「……這分明是亡國之論，爲人臣者，怎能隨便說出那些叛逆的話呢？……」

「先別急，等我慢慢分析給你聽。你對先帝的二十幾個兒子，應該都有相當的瞭解。長子扶蘇剛毅勇武，又很懂得任用人，一旦他即位，必將起用蒙恬爲相，那麼，你就要告老還鄉了。……」

趙高進一步地勸說道：

「……先帝把公子胡亥託給我教導已經有五、六年了。根據我的觀察，他爲人仁厚，雖然口才欠佳，反應卻很敏銳，照我看來，在諸位公子中，無人能比得上他，我有意扶植他登上帝位，不知你意下如何？」

「……你不必多費口舌。我只知奉命行事，既然先帝已做了決定，就不能再更改了。」

李斯又表明他的心迹：

「當初，我只是一介布衣，承蒙先帝拔擢，委以天下安危的重任，忠臣應不避死，孝子不辭苦，我只知盡人臣的職責，你不必白費心思，妄想把我誘上邪道。」

「你未免太不知變通了。識時務者爲俊傑，怎能一味固守那些陳腐的觀念呢？難道你看不出來，如今天下的命運，全繫在胡亥一人身上嗎？」

「……晋國改立太子，使得三世不安，紂王濫殺親信不聽諫言，結果國土化爲坵墟，你應該知道，逆天者必亡啊！……」

「可是，你這樣做，國家就能轉危爲安嗎？如果你有遠見，就該懂得把握時機。……」

李斯的內心，經過一陣掙扎，終於向惡魔屈服了。這是因爲他考慮到，當初自己向始皇建議「焚書坑儒」，扶蘇激烈地反對，而被驅逐到北疆，萬一扶蘇繼承了帝位，自己的命運就很值得憂慮了。

85 二世皇帝是否爲趙高的傀儡？

胡亥登上帝位以後，似乎沒有什麼作爲。始皇在生前，對他非常地寵愛，每次出巡，都把他帶在身邊，又把他託付給趙高教導，是否他生性愚昧，才需要人從旁指導？但是，如果他眞的很愚蠢，又怎能得到父王的寵愛呢？事實如何，我們不得而知，總之，他身爲么兒，自幼就被寵壞了。

他仗著有父王撐腰，過慣了前呼後擁的生活，認爲一切都是理所當然的，而對權勢的本質，缺乏正確的瞭解。他在二十一歲那年，成爲二世皇帝，假使他並未登上寶座，後人對他的評語，也許會不同。

然而，究竟是誰改變了他的命運？無可諱言的，那個人就是趙高。胡亥的遭遇，與其說是上天有意的捉弄，不如說是趙高一手導演而成的。這個不知天高地厚的皇家子弟，只不過是在趙高的策劃下，依計行事罷了。

據說，二世皇帝年紀尚輕，就退居深宮，把一切政務，託付給郎中令趙高，有一天，他對趙高說：

「朕君臨天下，既要安宗廟、樂萬民，也要享受耳目之娛，儘量尋求樂趣，這樣壽終時才不會遺憾。」

趙高眼見有機可乘，就向他進言：

「坦白地說，先帝在沙丘猝逝時，我們所進行的計謀，已經讓諸位公子和大臣們起了疑心，那些公子都是你的兄長，大臣們也都是先帝所任命的，如今他們既然對你不滿，就有隨時引發事變的可能，在這種情形下，你怎能高枕無憂呢？……」

「那麼，你說應該怎麼辦呢？」

「照我看來，除了使用嚴刑峻法，別無他途。臣下一旦犯罪，就予以滅門，還要捨棄骨肉的親情，並把先帝任用的大臣，趕盡殺絕，全部換成自己的親信，這樣才能一勞永逸。……」

於是，胡亥在趙高的嗾使下，決定大肆捕殺功臣，把蒙恬一家殺戮殆盡，又泯滅人性地殘害手足，將十二名公子斬首，十位公主處以磔刑。

這一切暴行，都出於趙高的策劃。

86 胡亥何以看不出趙高的野心？

胡亥繼承帝位以後，把始皇安葬於驪山陵，為了營造這座陵墓，動員了許多囚犯，又為了準備各種珍奇的殉葬品，命令人民繳納更多的貢賦。

接著，基於炫耀的心理，他仿效始皇出巡，回來以後，就瘋狂地施行暴政，當然，一切措施都由趙高在幕後操縱。秦政權的內部出了這個野心勃勃的人物，他翻雲覆雨的結果導致政局大亂。始皇在生前恐怕做夢也想不到，他最寵信的人居然傾覆了他手建的王朝。

始皇曾識破呂不韋的陰謀，並使用武力敉平嫪毒的叛變，又擊退淳于越等儒家對新興人民的攻訐，可是他卻看不透標榜法家思想而實行相反路線的趙高，包藏著禍心。

趙高的出身不詳，只知道他是趙國人，我們從《史記》的記載推測，他似乎生在一個黑暗的家庭。他的父親曾被處以宮刑，母親則沒入宮中為奴婢，後因與人私通而被處刑，他生長在這樣的家庭，心理上難免受到影響。

他在秦廷充當宦官，前後共有二十幾年，後來，始皇聽說他通曉法律，就拔擢他為中車府令，還命他教導公子胡亥。中車府令是專門管理皇帝坐車的官，所以，始皇每次出巡，他必定隨侍在側，公子胡亥由於深受寵愛，也常被始皇帶在身邊，因此他和胡亥的關係日趨親密。

在另一方面，始皇寵信蒙恬，對於其弟蒙毅的才幹也非常賞識，於是，蒙恬在外鞏固國防，蒙毅在內參與朝議，形成蒙氏強固的勢力。

有一次，趙高身犯重罪，始皇命蒙毅負責處置，蒙毅不肯徇私，而照章判他死刑，如果不是始皇挺身而出，網開一面，他早已一命歸陰。

始皇一念之差為秦朝種下禍根，趙高與蒙氏兄弟，也因此結下仇怨，這些都是始皇料想不到的，始皇崩殂後，朝政的實權很快就被趙高篡奪了。

87 如何舉行葬禮？

「扶蘇自盡了，蒙恬已關入獄中！」消息傳來，胡亥、趙高、李斯互慶計謀得逞，並護送始皇的遺體，繼續向京師進發。

由於當時是盛夏，從轀輬車中傳出的屍臭令人難以忍受，經過三人的商議，決定假造敕令，在車上裝載重達一石的鮑魚，企圖以魚腥味來掩住屍臭，就這樣，他通過井陘，終於回到了咸陽，然後才發佈訃聞，並在九月中將始皇安葬於驪山陵。

如前所述，驪山陵非常壯麗，在墓穴中還設有文武百官的席次，並以各種珍寶來裝飾，據說還用人魚的油做臘燭，希望能長明不滅。

據說：「墳高五十餘丈，周迴五里餘」，又傳說始皇在驪山修建陵墓，把原來向北流的山泉，改爲向東西流；又因爲驪山只有土壤沒有石頭，就設法從渭山運來巨石；並且具體而微地把秦朝疆域顯現在墓穴中。

主持葬禮的二世皇帝，認爲讓先帝的後宮中沒有子嗣的隨便離去，未免有欠妥當，於是下令她們全部殉葬。喪禮舉行過後，二世皇帝心想：有些工匠知道塚穴的機密，如果不斬草除根，難保無後患，就派人把工匠們予以活埋，由此看來，他被百姓指爲惡魔也是罪有應得的。

葬禮結束後，二世皇帝把目標轉向尚未完工的阿房宮，他再度動員龐大的人力，並以人心騷動爲理由，調派五萬以上的軍隊守衛京師咸陽。

興築那樣浩大的工程以及軍隊的駐防，都需要大批的糧食供應，因此二世皇帝令各地輸送穀物，對於人民的剝削越來越厲害。據說，當時百姓生產的食糧，三分之二以上要繳納賦稅。

秦廷對民衆的橫徵暴斂，終於引發了我國歷史上首次的農民革命。像這樣大規模的變亂，不發生在始皇生前，而在二世皇帝時爆發，可見二世的政治措施是何等的失當。

88 二世皇帝施行何種暴政？

胡亥在位僅僅三年，卻實行了一連串的暴政。不過，歷來施行恐怖政治的君王，都是憑自己的意志行事，唯獨胡亥毫無自主的能力，像殺戮蒙恬兄弟以及殘害手足等暴行，都是出於趙高的策劃，他本人只是一具傀儡。

他有個侄子名叫子嬰，曾經向他進諫：

「蒙氏一門忠烈，對秦朝有卓越的貢獻，如果除去他們，國家將陷於混亂。隨意誅殺功臣，而引致社稷覆亡的先例相當多，古人曾說：輕慮不足以治國。假使殺戮忠臣，而以無行之人取代，內將不得羣臣信服，外將招致民心背棄。……」

可是，胡亥並未採納諫言，而聽從趙高的計謀，先派使者到蒙毅家，傳達二世皇帝的御旨，蒙毅雖然抗辯，但欽差早經皇帝授意，乾脆把蒙毅給殺了。

殺害蒙毅成功後，胡亥又派人到陽周，命監禁中的蒙恬自盡。

蒙恬依命飲下毒藥，臨終時還泰然地說：

「我以無罪之身受死，這是什麼緣故呢？想來，當初爲了修建由臨洮到遼東的長城，曾擅自挖掘地脈，可能爲此遭到天譴，而有這樣的下場。……」

其實，以他當時的威望以及所掌握的兵權，要興兵討伐趙高並不是件難事，但是，他不願犯上，寧可束手就擒、坐以待斃而保全了晚節。

接下來，在胡亥的二十個兄弟中，有十二人被殺，又有十位公主被處以磔刑。

而且，被處決者的財物一律充公，如果有人膽敢進諫，就會被視爲叛逆，因此大臣們都噤若寒蟬。

胡亥的倒行逆施，自然引起人心的動搖，他所採取的對策，則是使法令更加嚴酷，不斷地進行誅罰，施行名符其實的恐怖政治。

89 接到自盡的命令後蒙恬作何反應？

二世皇帝派人向蒙恬下達旨令：

「你曾犯了不少過錯，何況，你的弟弟犯下重罪，你也脫不了干係……」

對於這些欲加之罪，蒙恬理直氣壯地提出答辯：

「我家歷代有功於秦朝，如今，我手中有三十萬大軍，儘管我身繫囹圄，但是，如果我眞想造反，也並非不可能。我所以不如此做，明知自己死路一條，還是要守節，是爲了不想辱沒先人的教誨，也不敢忘懷先帝的恩德。

「當初，周成王繼位時，還是個襁褓中的嬰兒，周公旦遂代替幼主執政，使天下安定，後來成王身染重病，生命垂危，周公旦就剪下自己的指甲，沈入河中，向天祝禱道：

「王尚年幼，完全是我在主政，即使犯了過錯，也該由我來承擔。……」

並且，命人把禱文記錄下來，歸入檔案中，周公旦這種態度，充分表露出他的忠誠。

成王長大以後，要親自執政，有人就向他進讒言：

「……周公旦預謀叛亂，已有相當時間了，如果您毫無防備，必將招致不測。

……」

成王聽了信以爲眞，周公眼見情勢不妙，就逃到楚國去。

後來，成王進入府庫中，看見周公當年留下的檔案，不禁流下了懺悔的眼淚，於是，對那些誣告者加以嚴懲，並把周公旦迎回國。

如今，我蒙氏一門歷代無貳心，卻招致這樣的下場，必然是受到臣的陷害。成王雖然犯錯，但迅速地糾正過來，國家才能長治久安；相反地，紂王殺死比干，而毫無悔意，終於弄得國破身亡……。

我說這些話，並非爲自己求情，而是認爲君王有過就該進諫，同爲一死，直諫而死也心安理得。希望陛下爲萬民設想，依天道而行。……」

秦朝的滅亡

——秦政權為何輕易的崩潰？

90 陳勝、吳廣起義，造成何種影響？

在二世皇帝即位的次年（西元前二〇九年），終於爆發了叛亂，那就是陳勝、吳廣的起兵，也可說是我國歷史上首次的農民革命。

陳勝等九百多人的起義，是在被派往邊疆守衛途中發生的，他們都是一些貧困的農民。

當他們抵達大澤鄉（安徽省宿縣附近）時，被豪雨所困，以致無法按照規定的時間，到達目的地。

「……我們不能在限期內報到，很可能被處以死刑，即使僥倖獲得赦免，也要長期從事苦役，到頭來還是會被折磨死。既然同樣是死路一條，何不揀個壯烈的死法？」

陳勝就這樣煽動羣衆，於是他們除去兩名軍官，由陳勝擔任首領，吳廣則號稱都尉，很快就得到民衆的響應。

本來只有九百多人的農民部隊，攻陷了周圍的縣城後，增加到五、六萬人，不久，這支隊伍在陳（河南省淮陽附近）集合，並在當地人民的擁戴下，組成了一個小規模的王朝，陳勝被立爲王，國號「張楚」。

山東各地的民衆羣起響應，紛紛砍殺秦朝的官員，動亂遂不斷地擴大，許多地方相繼宣告獨立，劉邦、項羽等英雄豪傑也先後崛起。

可是，陳勝、吳廣所率領的義軍，在創立王朝以後，逐漸地變質，而趨向於官僚化，外加秦軍所施予的壓力以及自身內部的不合，終於走上崩潰之途，在距離成軍僅六個月後，吳廣在一次內亂中被殺，陳勝不久也身亡，義軍就這樣瓦解了。

然而，陳勝等人的起義，不但是我國首次的農民革命，也由於他們的發難，招致秦末的大變亂，因此，這支義軍得到很高的評價。

當新興的地主對趙高一手導演的政變袖手旁觀時，陳勝、吳廣的揭竿而起可說是向前邁進了一大步，爲勞苦的民衆表明立場，雖然他們很快就歸於消滅，但這次的事件，卻使飽受壓榨、痛苦不堪的農民受到激勵，而接連不斷地由各地起兵。

和陳勝等人相呼應而舉兵叛變的義軍當中，有一支是劉邦的軍隊，他後來建立了漢朝，而爲陳勝設置了三十家守墓者，四時祭祀不斷，以示對其起兵，開亡秦之先河，表示無比的崇敬。

總之，陳勝、吳廣的揭竿起義，給予專制政體迎頭痛擊，而在歷史上具有相當的意義。

91 李斯被捕是出於何人的計謀？

趙高勸二世皇帝把一切政務交給他處理，自己則退處深宮，安享悠遊的歲月。這是趙高的陰謀，他想掩住二世皇帝的耳目，隱瞞天下動亂的情況，以免被追究施政不當的責任。胡亥自幼長於深宮，閱歷有限，根本無法識破趙高的奸計，還很高興地接受他的提議，遂使趙高得以爲所欲爲。

趙高又轉向李斯用計，對趙高而言，李斯不啻爲一眼中釘。二世退處深宮後，不再直接和丞相見面，正好予趙高可趁之機，只要趙高不替他傳達，李斯就無法向皇帝進言。

有一天，趙高對李斯說：

「如今函谷關以東各地，都被匪徒所佔，情勢十分危殆，皇上卻還繼續營建阿房宮，奴役百姓，自己則耽溺於淫樂，實在令人擔憂，你的職位比我高，理應向皇帝進諫。」

李斯就據實以告：

「……我早就想向皇帝直諫，可是，皇上處於深宮中，我根本無從謁見。……」

「你放心！這件事交給我來辦。……」

後來，趙高故意趁皇帝在後宮作樂時，派人通報李斯：

「皇上現在有空，你趕快來吧。」

李斯不知是計，立刻入宮晉見，像這樣，經過五、六次以後，二世對於李斯的騷擾，感到非常不悅。

當二世向趙高發牢騷時，趙高覺得良機不可失，就向皇帝大進讒言，誣指李斯的長子李由和陳勝等叛黨互通聲氣，甚至指責李斯陰謀篡位，於是，二世派人開始暗中調查。

李斯得知此事後，一面向皇帝陳訴冤情，一面揭發趙高的野心，然而，二世向來對趙高言聽計從，李斯的話根本發生不了作用，皇帝甚至把一切經過，轉述給趙高聽，情勢顯然對李斯越來越不利。

後來，李斯終於身繫囹圄，他的家人和賓客們，也一併被捕。李斯被鞭笞十餘下以後，由於不堪其苦，遂自承有罪，根據《史記》的記載——李斯入獄後，受到百般的折磨，遂承認自己有罪，但他自恃對秦廷有功，而實無造反之心，就從獄中上書，希望二世及時悔悟，而予以赦免。

92 李斯的下場如何？

當時，扶蘇、蒙氏兄弟以及諸位公子、公主，都已被除去，趙高攬權的障礙，只剩下李斯了，所以，他對李斯施展一連串的詭計。李斯的長子李由，官拜三川太守，剛巧在他的轄區內發生叛變，爲害甚大，趙高就藉此向皇帝進讒言，說李由和叛軍相通，進而誣指李斯陰謀推翻二世自立。

接著，趙高利用皇帝授與的全權，把李斯一家關入獄中，並施行拷打。

根據《史記》的記載，李斯在牢中作最後的上書，自陳犯下七大罪，懇求二世皇帝網開一面，然而，他所謂的大罪，其實都是爲秦朝立下的大功，茲略述如下：

第一：幫助秦王合併六國、統一天下，登上帝王的寶座。第二：驅逐胡虜，平定南方的百越，鞏固秦朝的基礎。第三：優禮大臣，信賞必罰。第四：治理邦家，使君王的賢名遠播。第五：統一度量衡及文字。第六：大興土木，顯示君王的威望。第七：減輕賦稅，寬免刑罰，深得民心。

李斯列舉前述的功績，認爲自己該受責罰。他往年的氣魄已蕩然無存，只知卑屈地向二世乞憐。

但是，這道最後的上書，卻被趙高所扣留，根本未曾到達二世皇帝的手上。

於是，秦二世二年的七月，在咸陽的廣場上，李斯及其次子被腰斬，至於他的長子李由，則在早先一場鎮壓叛亂的戰役中陣亡。

李斯被押往刑場前，曾對其子慨歎：

「……我眞想再牽著黃狗，和你一道出故鄉上蔡的城門，去野外打獵，可惜，如今已經不可能了。……」

父子二人不禁相擁而泣，不久即被處刑。據說，三族都被趕盡殺絕。

始皇生前的功業，大都得自李斯的推動，然而，始皇死後，李斯卻在愚昧的二世皇帝之下，受到冷漠的待遇，並被逼上死路。與此同時，秦帝國也步向崩潰之途。

93 馬鹿議論的背景爲何？

李斯被謀殺後，秦帝國就像大廈般，逐漸地傾圮。趙高繼李斯爲相後，益發地猖狂，使得原先和李斯並肩爲相的去疾，被迫自殺身亡，接著，大將章邯也背棄了秦廷。

章邯爲秦朝的將軍，輾轉各地和叛軍對抗，在他和長史司馬欣的協力下擊敗了陳勝的軍隊，向二世皇帝輸誠。

秦二世三年，章邯包圍鉅鹿城中張耳的叛黨，二世卻遣使責備他，說他征討叛軍不力，費時太久。

章邯爲了替自己洗冤，就派司馬欣回咸陽，向皇帝申辯，可是，趙高從中作梗，司馬欣根本沒有晋見的機會，只好無奈地回到軍中，對章邯說：

「……只要有趙高在，任憑你立下多大的功勞，也只有被謀殺的份。……」

於是，章邯一怒之下，向前來營救張耳的項羽投降了。

在這期間，趙高本身可能也起了貳心，《史記．秦始皇本紀》中只簡略地說：

「……趙高欲爲亂，……」

他眼見天下動盪不安，又想到年輕的君王，愚昧而不可恃，遂萌生叛亂之念。

首先，他必須懾服羣臣。有一次，他趁著百官齊集時，請二世皇帝駕臨，並且獻上一隻鹿，二世就讚美道：

「……好漂亮的一隻小鹿。……」

趙高卻立即糾正道：

「……陛下！那不是鹿……」

他很肯定地對二世說：

「那是一匹馬！……」

「不對！牠分明是一隻鹿！」

就這樣，引起了一陣辯論，大臣們分爲馬、鹿兩派，彼此爭執不了。

後來，趙高把那些主張是鹿的人處罰一番，羣臣自是敢怒而不敢言。

當他們從事那樣無謂的論戰時，秦朝的將領們，卻紛紛向叛軍豎起了白旗，秦都咸陽也陷於四面楚歌，昔日的齊、楚、燕、韓、趙、魏等國，都趁機脫離秦朝獨立。

趙高眼見大勢已去，爲了逃避責任，經常稱病不上朝，秦廷因此更形混亂。

94 趙高何以企圖弒君？

由於人心早已背棄，秦朝的命運危在旦夕，趙高爲了推卸責任，乾脆稱病在家納福。

有一天晚上，二世皇帝做了一個夢，他夢見一隻白虎，把替自己拉車的馬咬死了，他醒來非常不安，就命人占了一卦，得到的結果是——「涇水在作祟」，涇水是在咸陽北側的河川。

二世就駕臨涇水之濱的離宮，齋戒沐浴以後，以四匹白馬做爲犧牲，沈入涇水中，並派人到趙高處，質問他如何應付叛亂？

趙高眼見麻煩上身，就招來官拜郎中令的弟弟趙成，以及任咸陽令的女婿閻樂會商。

「情勢越來越惡化，皇上彷彿把一切的責任，都推到我們的身上，看情形我們只好另換一位皇帝了。你們覺得子嬰怎麼樣？百姓對他的印象，似乎很不錯哩。」

事情就這樣決定了。然而，陰險的趙高很可能懷有鬼胎，他或許想自己當皇帝。

秦二世三年（西元前二〇七年），他們按照預定的計畫，由咸陽令閻樂率領一千多人攻入宮中，宦官們四處奔逃，轉眼之間，已有五、六十人倒下。

閻樂和郎中令趙成會合，逼向二世皇帝的寶座，將他團團地圍住。

「拜託你們，讓我見一見趙高！……」

二世皇帝向他們懇求，可是，趙成不為所動，他們之間最後的問答，很可能是如下的情形：

「我情願放棄天下，只希望能在一個小郡稱王……」

「不行！我們不能答應。……」

「那麼，我不當王，做個萬戶侯總可以吧？」

「還是不行！……」

「好吧！那我和妻兒一道降為平民。……」

趙成冷酷地拒絕了二世皇帝的請求。

「……我是奉了丞相趙高的命令，為萬民著想，不得不誅殺陛下，無論陛下如何懇求，我們都萬難從命。」

對於二世被弒前後的情形，還有其他的說法，關於這一點，我們留待下一節中討論。

95 二世自殺的真象如何？

在《史記・秦始皇本紀》和《李斯列傳》中，對於二世皇帝自殺的經過，有不同的記載，也許司馬遷難以判定何者爲眞，遂將二者一併採錄。

《秦始皇本紀》所敍述的情形，我們已在上節說過，下面要介紹《李斯列傳》中的記載。

李斯被殺後，趙高晋升爲中丞相，一切事務都由其裁決，如前所述，他爲了表示自己的權威，故意向皇帝獻鹿，而硬指爲馬。這場馬、鹿的辯論過後，二世皇帝開始懷疑自己不太正常，於是命卜者占了一卦，得到的結果是——「在祭祀宗廟時，疏忽了齋戒沐浴，今後應力求虔誠」，二世就依言進入上林苑，準備進行齋戒。

但是，他在苑中仍然耽於游獵，甚至把人誤射死。趙高就命他的女婿閻樂假造了一份驗屍報告，聲稱不知被何人所殺，而棄屍於上林苑，就這樣草草地結案。這件案子了結以後，趙高向皇帝進諫道：

「身為天子，卻射殺無辜的百姓，這是人神共棄的行為，上天必然會降禍，陛下最好遠離此地，移到望夷宮居住。……」

二世果真遷到望夷宮，這對趙高來說是正中下懷，因為皇帝搬到那座離宮，比較容易攻進去。

到了第三天，趙高派遣一支衛隊，身穿素服，攜帶武器，向望夷宮進攻。趙高本人則搶先一步，來到皇帝的面前，口稱山東的叛徒來襲。

二世慌忙登上高處，往下一看，那些身著素服的衛士，的確很像山東的叛黨，不禁束手無策，趙高就趁機勸他自盡。

有關二世皇帝自殺的前後，雖然說法不一，但是，結果仍為被迫自我了斷，此事遂被稱為我國歷史上首次的弒逆事件。

96 子嬰為何稱秦王而不稱二世皇帝？

胡亥被逼自盡後，趙高立其侄子嬰為秦王，何以不稱三世皇帝而稱王呢？這是因為昔日六國的人民，已各自擁戴其君，秦廷的勢力大為衰退，地位已與六國不相上下。

至於子嬰被擁立的經過，也和二世自殺的情形一樣，在《李斯列傳》和《秦始皇本紀》中，有著不同的記載。

根據《李斯列傳》所述，二世皇帝自殺後，趙高奪走玉璽，意圖登上寶座，可是——「上殿，殿欲壞者三」，趙高眼見上天並不屬意自己，文武百官也不願追隨，只好擁立子嬰，並交出玉璽。

其次，根據《始皇本紀》的記載，閻樂逼二世皇帝自殺後，很快地回到宮中，向趙高報告，於是，趙高召集了有關的人士，說明弒君的經過。

「秦本來只是一個王國，到了始皇帝時君臨天下而稱帝，但是，如今昔日的六國紛紛自立，使秦朝的版圖大爲縮小，皇帝成了一個空銜，倒不如恢復秦王的稱號……」

遂宣佈立子嬰爲秦王。

儘管衆說紛紜，但總是趙高獨斷獨行，把子嬰推上寶座。並且把二世皇帝的屍首，按照平民的葬儀埋在宜春苑。

依照預定的計畫，子嬰應該先齋戒沐浴，然後參拜宗廟，接受玉璽。在齋戒期滿後的第五日，子嬰和兩個兒子暗中商議道：

「趙高所以擁立我，是因爲怕他逼二世自盡，會被問罪誅殺，不得已才如此做。外面一直在傳說，他和楚國的項羽有祕密協定，準備消滅秦朝的宗室自立爲王。如今，他勸我齋戒沐浴，大概是打算等期滿後，我去祭祀宗廟時，在廟中把我殺掉。因此，我想稱病不去宗廟接受玉璽，這樣一來，他勢必親自來請我，到時候，我們就可以趁機殺了他。……」

計議已定，子嬰就逐步地進行，連詭計多端的趙高，也想不到厄運會降臨自己身上。

97 趙高如何被刺殺？

子嬰稱病不去宗廟祭拜，趙高果然三番兩次地派人來催，子嬰卻相應不理，趙高只好親自出馬，他到齋宮質問子嬰：

「這是一項重要的儀式，你爲何不參加呢？」

他在語氣間，充分流露出不滿。

子嬰則趁其不備，當場予以刺殺，以上是根據《始皇本紀》中的記載。

其次，在《李斯列傳》中，對於趙高被刺的經過，說法稍有不同——「子嬰即位，患之，乃稱疾不聽事，與宦者韓談及其子謀殺高，高上謁，請病，因召之，令韓談刺殺之，夷其三族。……」

惡貫滿盈的趙高，就這樣斷送了性命。

不久，從南方進攻的劉邦軍隊，比由東方進擊的項羽先一步攻陷咸陽，秦王子嬰出降，秦遂歸於覆亡。

後來成爲漢高祖的劉邦，原是豐邑（江蘇省豐縣）地方的農家子弟，年輕時爲市井之徒，年過三十，才回鄉擔任縣的低級官吏，那就是泗水的亭長，等於管理客棧，維持治安的警長。

他充任亭長時，和雖然不是名門出身，但在當時還小有名望的呂公之女成婚，也就是後來的呂后。他一面擔任亭長，一面和妻子從事農耕，後來率隊攻擊秦朝，經過一連串的爭戰，終於打下了漢朝的江山而登上帝位。

他被任爲亭長時，二世才即位，他奉命率領一批被判勞役的犯人，趕去參加營造驪山陵的工程，可是，逃亡的事件層出不窮，他眼見無法交差，把心一橫，遂加入叛軍的行列。不久陳勝、吳廣等人揭竿而起，他就藉此名目，聚集了三千多兵力，號爲沛公。

劉邦的勢力，迅速地擴張，攻下了鄰近的郡縣，成爲將近萬人的龐大武力。

在二世皇帝即位的第二年（西元前二〇八年），他和楚國項梁的軍隊，合力對抗秦軍。

98 秦帝國如何滅亡？

楚將沛公劉邦，率領十萬精兵，破秦軍進入武關，派遣使者勸子嬰投降，這時，距離子嬰被立爲秦王，僅有四十六日。

根據史書的記載，子嬰乘坐素車白馬，來到灞水之畔，像一名罪犯般，脖子上繫著粗繩，向劉邦投降，交出了玉璽，秦帝國至此滅亡。

始皇在二十六年統一天下，歷二、三世而亡，算來稱帝只有十五年而已。接著，沛公劉邦進入咸陽，將宮室、府庫查封，等待項羽的軍隊到來。

劉邦廢除了秦律，和人民約法三章，即——「殺人者死，傷人及盜抵罪。」

據說，秦軍對劉邦的軍隊抵抗較少，使他們能順利地前進。這是因爲劉邦對待俘虜寬大，軍紀嚴明，所以，秦軍慕名而降者甚多。

一個月以後，項羽率領四十萬大軍，抵達了咸陽。然而，他卻把歸降的秦王子嬰及宗室子弟，予以斬盡殺絕；又放火燒咸陽的宮室，把財寶分給手下的將領。據說，阿房宮被焚時，大火連續燒了三個月；其次，始皇所安葬的驪山陵，也遭到破壞，此時，距離始皇崩殂，才三年而已。

項羽似乎生而具有反抗秦朝的使命，他出身於名門，家在江蘇省的下相，歷代擔任楚國的將軍，在始皇時代，被秦將王翦所包圍，後自殺身死的項燕，就是他的祖父。

在傳說中，項羽「長八尺餘，力能扛鼎」，是一名天生的勇士，他曾發過豪語：

「書足以記名姓而已，劍一人敵，不足學，學萬人敵。」

他的叔父項梁就把兵法傳授給他。

楚國的民性質樸勇悍，對君王懷有一份強烈的忠誠，因此，對滅亡自己國家的秦朝有著很深的敵意。

「亡秦必楚」是楚人所作的預言，不論是劉邦還是項羽，他們經過一連串的征戰，終於實現了楚人的願望。

始皇二十四年（西元前二二三年），楚國被秦滅亡，但是，十七年以後，誠如楚人所預言般，秦也化成了一片焦土。

99 對秦朝覆亡的觀感

始皇在三十七年的巡幸中病逝，過了三年，秦帝國瓦解，始皇想把帝位傳之萬世的意願也歸於破滅，這種結局是始皇所料想不到的。

但是，他可能做夢也想不到，他一手建立的帝國，僅僅傳了兩代就被滅亡了。同時，他也無法預見，自己最寵信的趙高居然成爲導致秦朝滅亡的罪魁。事實上，西元前二一〇年始皇一死，政治實權就輕而易舉地被趙高篡奪了。

始皇逝世後，在趙高的策動下，胡亥成爲二世皇帝，趙高遂掌握了政權。

如果當初由始皇的長子扶蘇繼位，情勢可能會大爲改觀。趙高的存在對秦亡的影響很大。

總之，秦以嚴刑峻法及軍國主義爲立國之根基，復以詭詐外交及殘酷屠殺爲致勝之手段，乃能崛起西陲，統一全國。統一之後，更是變本加厲，以暴政治天下。箝制思想，限制言論，焚書坑儒，不恤民命。以集體移民之方式，充實塞北嶺南的邊防。徭役繁興，賦稅苛重，大修宮室陵寢，徒作無關國計民生的建設。終至民不聊生，人心思叛，義師蠡起，大亂驟興。秦以殘暴之治而興國，亦以殘暴之政而覆亡。此一史實，充分證明了「暴政必亡」之眞理。

明朝的張居正評論秦亡的原因爲：

「……內有奸臣陰謀叛變，外有爲秦所滅的六國遺民。」

農民出身的陳勝、吳廣的揭竿起義，給予有志之士莫大的激勵，使得抗暴義軍像野火般蔓延開來，日漸腐敗的秦政權，終於化成了灰燼。「逆天者亡」也是歷史必然的法則！

國家圖書館出版品預行編目資料

秦始皇：第一個統一中國的皇帝 / 龍樹朗著. --
初版. -- 新北市：華夏出版有限公司, 2024.01
面；　公分. --（Sunny 文庫；314）
ISBN 978-626-7296-35-6（平裝）
1.CST：秦始皇 2.CST：傳記

621.91　　112006360

Sunny 文庫 314
秦始皇：第一個統一中國的皇帝

著　　作　龍樹朗
出　　版　華夏出版有限公司
220 新北市板橋區縣民大道 3 段 93 巷 30 弄 25 號 1 樓
電話：02-32343788　傳真：02-22234544
E-mail：pftwsdom@ms7.hinet.net
印　　刷　百通科技股份有限公司
電話：02-86926066 傳真：02-86926016
總 經 銷　貿騰發賣股份有限公司
新北市 235 中和區立德街 136 號 6 樓
電話：02-82275988　傳真：02-82275989
網址：www.namode.com
版　　次　2024 年 1 月初版一刷
特　　價　新台幣 320 元（缺頁或破損的書，請寄回更換）

ISBN-13： 978-626-7296-35-6